Fatma Ghandour

Les réseaux AD Hoc sans fil

Fatma Ghandour

Les réseaux AD Hoc sans fil

Routage, Couche MAC et amélioration de la QoS

Éditions universitaires européennes

Mentions légales/ Imprint (applicable pour l'Allemagne seulement/ only for Germany)

Information bibliographique publiée par la Deutsche Nationalbibliothek: La Deutsche Nationalbibliothek inscrit cette publication à la Deutsche Nationalbibliografie; des données bibliographiques détaillées sont disponibles sur internet à l'adresse http://dnb.d-nb.de.
Toutes marques et noms de produits mentionnés dans ce livre demeurent sous la protection des marques, des marques déposées et des brevets, et sont des marques ou des marques déposées de leurs détenteurs respectifs. L'utilisation des marques, noms de produits, noms communs, noms commerciaux, descriptions de produits, etc, même sans qu'ils soient mentionnés de façon particulière dans ce livre ne signifie en aucune façon que ces noms peuvent être utilisés sans restriction à l'égard de la législation pour la protection des marques et des marques déposées et pourraient donc être utilisés par quiconque.

Photo de la couverture: www.ingimage.com

Editeur: Éditions universitaires européennes est une marque déposée de Südwestdeutscher Verlag für Hochschulschriften GmbH & Co. KG
Dudweiler Landstr. 99, 66123 Sarrebruck, Allemagne
Téléphone +49 681 37 20 271-1, Fax +49 681 37 20 271-0
Email: info@editions-ue.com

Produit en Allemagne:
Schaltungsdienst Lange o.H.G., Berlin
Books on Demand GmbH, Norderstedt
Reha GmbH, Saarbrücken
Amazon Distribution GmbH, Leipzig
ISBN: 978-613-1-55157-4

Imprint (only for USA, GB)

Bibliographic information published by the Deutsche Nationalbibliothek: The Deutsche Nationalbibliothek lists this publication in the Deutsche Nationalbibliografie; detailed bibliographic data are available in the Internet at http://dnb.d-nb.de.
Any brand names and product names mentioned in this book are subject to trademark, brand or patent protection and are trademarks or registered trademarks of their respective holders. The use of brand names, product names, common names, trade names, product descriptions etc. even without a particular marking in this works is in no way to be construed to mean that such names may be regarded as unrestricted in respect of trademark and brand protection legislation and could thus be used by anyone.

Cover image: www.ingimage.com

Publisher: Éditions universitaires européennes is an imprint of the publishing house Südwestdeutscher Verlag für Hochschulschriften GmbH & Co. KG
Dudweiler Landstr. 99, 66123 Saarbrücken, Germany
Phone +49 681 37 20 271-1, Fax +49 681 37 20 271-0
Email: info@editions-ue.com

Printed in the U.S.A.
Printed in the U.K. by (see last page)
ISBN: 978-613-1-55157-4

Dédicaces

Spécialement à ma chère mère

Résumé

Dans ce travail, nous avons tenté à améliorer la qualité de service dans les réseaux ad hoc sans fil. Notre démarche a consisté à agir au niveau de la couche MAC, qui influence le bon fonctionnement du réseau ad hoc. En effet, la norme IEEE 802.11 utilise des fenêtres de contention (CW) pour résoudre l'accès multiple des terminaux au canal. Un terminal double la taille de sa fenêtre de contention à chaque perte de paquet, et la remet à sa valeur minimale après des bonnes transmissions. Cependant, dans un environnement congestionné, une collision est souvent suivie par une autre dans les instants qui suivent. Pour éviter les retransmissions inutiles jusqu'à retrouver de nouveau la bonne taille, il est plus utile de diminuer lentement la taille de la fenêtre de contention. D'autre part, le fait de garder des tailles élevées n'est pas la solution parfaite pour tous les états du réseau, car si le niveau de congestion sur le medium est faible, il vaut mieux remettre immédiatement la fenêtre à sa taille minimale, afin d'accélérer le processus d'accès au canal.

Pour résoudre ce compromis entre la décrémentation rapide et la décrémentation lente de la fenêtre de contention, qui touche surtout les réseaux dont la charge est instable et imprévisible, nous proposons une stratégie d'adaptation de la taille de la fenêtre aux conditions du canal sans fil. Notre approche, nommée Conditioned Enhanced Distributed Coordination Function (CEDCF), suggère que la décrémentation de la taille de la fenêtre de contention soit conditionnée par le taux de collision, qui sera calculé périodiquement par la station. Si ce taux est élevé, cela signifie que le milieu est congestionné, et par conséquent, la station doit choisir la décrémentation adaptative. Dans le cas où le taux calculé est faible, c'est la décrémentation rapide de l'EDCF qui sera adopté. La décision sera prise après la comparaison du taux de collision à des seuils qui dépendent de la catégorie de trafic, et qui seront fixés en se basant sur un ensemble de simulations.

Nous avons mis en oeuvre notre mécanisme dans le simulateur NS-2. Des nombreuses simulations ont été effectuées pour pouvoir évaluer ses performances et optimiser la valeur des différents seuils. Les résultats obtenus nous ont permis de conclure sur l'efficacité de l'approche conditionnée, surtout de point de vue débit utile et délai de bout en bout.

`Mots clefs` : qualité de service, 802.11, DCF, EDCF, contention window.

Abstract

The quality of service support in IEEE 802.11 wireless local area networking standard requires adequate service differentiation. In this work, we will address the issue of providing service guarantees with EDCF function of the IEEE 802.11e. We suggest a new scheme to adjust the size of the Contention Window (CW). In fact, with the EDCF (Enhanced Distributed Coordination Function) mechanism introduced in the upcoming IEEE 802.11e standard, the CW is reset upon a successful transmission, assuming that the contention level has dropped. This leads to new collisions and retransmissions because contention level is more likely to change slowly. On the other hand, keeping high sizes of CW is not always the perfect solution because delays increase with high backoff values.

To optimize this tradeoff between fast and slow CW decrease, we propose an intermediate CW decrease function that is conditioned by the channel state : if it is congested, the size of the CW should be adjusted according to the adaptive approach AEDCF (Adaptive Enhanced Distributed Coordination Function). In the other case, when contentions on the medium are negligible, the fast decrease scheme of EDCF is adopted. To conclude about the channel state, each station compares the calculated collision rate to an optimized threshold that depends on the traffic category.

The performances of the proposed scheme, namely Conditioned Enhanced Distributed Coordination Function (CEDCF), are extensively investigated by simulations using the network simulator NS-2. Results obtained indicate that our approach, CEDCF, outperforms both EDCF and AEDCF.

Key words : quality of service, 802.11, DCF, EDCF, Contention Window.

Avant Propos

Le travail présenté dans ce projet a été effectué dans le cadre de la préparation de mémoire de mastère en Télécommunications option Réseaux à l'Ecole Supérieure des Communications de Tunis (**SUP'COM**).

Il consiste à proposer une méthode au niveau de la couche MAC, permettant l'amélioration de la qualité de service pour les réseaux ad hoc sans fil.

Pour ce fait, je commence par remercier tout particulièrement Monsieur **Pr. Sami Tabbene**, professeur à l'école supérieure des communications de Tunis, qui a bien voulu me faire l'honneur de présider le jury de ce mémoire et Monsieur **Rached Hamza**, maître assistant à l'école supérieur des communications de Tunis, qui a accepté de faire partie du jury.

Je remercie vivement mon encadreur Monsieur **Mounir Frikha**, maître assistant et chef du département réseaux à Sup'com, pour m'avoir encouragé à entamer une problématique d'actualité, pour son suivi, sa disponibilité, et son soutien lors de l'élaboration de ce travail.

Et pour terminer, je ne saurai oublier tous ceux qui ont contribué de près ou de loin à la réalisation de ce travail qu'ils trouvent ici toute ma gratitude et ma reconnaissance.

Table des matières

Table des figures

Liste des tableaux

Abréviations

ACK : ACKnowledgement (packet)

AIFS : Arbitrary IFS

AODV : Ad hoc On demand Distance Vector

AP : Access Point

BSS : Basic Service Set

BT : Background

CAP : Controlled Access Period

CBR : Constant Bit Rate

CFP : Contention Free Period

CI : Confidence Interval

CP : Contention Period

CSMA/CA : Carrier Sense Multiple Access with Collision Avoidance

CTS : Clear To Send

CW : Contention Window

DBF : Distributed Bellman-Ford

DCF : Distributed Coordination Function

DSDV : Dynamic destination-Sequenced Distance Vector

DSR : Dynamic Source Routing

DIFS : Distributed IFS

EDCF : Enhanced Distribution Coordination Function

EIFS : Extended IFS

FTP : File Transfer Protocol

HC : Hybrid Coordinator

HCF : Hybrid Coordination Function

IEEE : Institute of Electrical and Electronics Engineers

IETF : Internet Engineering Task Force

IFS : Interframe Spacing

IP : Internet Protocol

ITU-T : International Telecommunication Union, Telecom standardization

LAN : Local Area Network

LLC : Link Logic Control

MAC : Medium Access Control

MACA : Multiple Access Collision Avoidance

MANET : Mobile Ad hoc NETwork

NAM : Network Animator

NAV : Network Allocation Vector

NS-2 : Network Simulator-2

OLSR : Optimized Link State Routing

PC : Point Coordinator

PCF : Point Coordination Function

PIFS : PCF IFS

PLR : Packet Loss Rate

QoS : Quality of Service

RFC : Request For Comments

RERR : Route ERRor

RREP : Route Reply

RREQ : Route Request

RTS : Request To Send

SIFS : Short Inter Frame

TC : Traffic Class

TCP : Transmission Control Protocol

TORA : Temporally Ordered Routing Algorithm

TXOP : Transmission Opportunity

UDP : User Datagram Protocol

VCH : Virtual Collision Handler

VoD : Video on Demand

VoIP : Voice over IP

WLAN : Wireless LAN

WM : Wireless Medium

Notations

i : priorité d'une classe de trafic.

j : période de temps (fixé à 5000 time slots dans nos simulations)

F_{curr}^{j} : taux de collision pour la période j.

F_{avg}^{j} : taux de collision moyen pour la période j.

$CW_{new}[i]$: la nouvelle taille de la fenêtre de contention.

$CW_{old}[i]$: la taille de CW juste après une bonne transmission.

$CW_{min}[i]$: la taille minimale de la fenêtre de contention.

$CW_{max}[i]$: la taille maximale de la fenêtre de contention.

$MF[\mathrm{i}]$: facteur multiplicative.

$S_{opt}[i]$: seuil optimal correspondant à la classe i.

$\mu : smoothing factor$

P_j : priorité de la station j

Introduction Générale

Les applications sans fil s'introduisent dans notre vie quotidienne et deviennent parfois un besoin essentiel, que ce soit au niveau social, professionnel, scientifique, médical ou militaire. L'objectif principal est "L'accès à l'information n'importe où et n'importe quand". Une grande variété des standards de communications sans fil suit cette évolution pour satisfaire à ses besoins. Plusieurs de ces standards existants supportent des débits de données de plus en plus grands : IEEE 802.11, Bluetooth, HyperLAN, etc. Dans un tel contexte, il n'est pas surprenant de voir apparaître des solutions de communication sans fil de plus en plus performantes, tel que les réseaux ad hoc qui éliminent le besoin d'infrastructure fixe pour communiquer. Ces réseaux sont constitués d'un ensemble d'unités mobiles qui sont libres de se déplacer à leur guise et dont le seul moyen de communication est une interface sans fil. Ces réseaux sont caractérisés par une topologie dynamique et imprévisible, puisque tous les nuds sont libres de bouger et de se déplacer sans aucune contrainte.

De nos jours, le développement de cette nouvelle génération des réseaux sans fil est en plein essor. En outre, avec le déploiement des services multimédias dans les réseaux mobiles, des travaux pour l'introduction des applications multimédias dans les réseaux ad hoc ont été proposés. Cependant, il est très difficile de garantir une quelconque qualité de service à une application temps réel dans un réseau ad hoc, car il faut prendre en considération les spécificités de ces réseaux : la bande passante limitée, le changement dynamique de la topologie en fonction du temps, ainsi que le manque d'information complète sur l'état du réseau. En outre, la communication entre les stations mobiles étant par voix radio, la qualité du lien sans fil reste inconnue, et susceptible à des variations suivant la configuration et l'état du réseau. Les travaux réalisés pour le support de la qualité de service pour cette nouvelle génération des réseaux sont globalement classés par couche de protocole, et se focalisent essentiellement sur des problèmes liés à une couche particulière indépendamment des autres couches.

Notre travail s'oriente vers l'amélioration de la qualité de service au niveau de la couche MAC, en s'appuyant sur le nouveau standard 802.11e. Pour cette norme, malgré le grand effort fourni pour introduire la différenciation de service dans le but de mieux gérer l'accès au medium, il s'avère qu'on s'est pas rendu compte d'un problème assez important et qui

1

concerne un paramètre fondamental de la fonction de coordination distribuée (DCF) de la norme 802.11 ; ce paramètre est la fenêtre de contention ou contention window (CW). En effet, la taille de CW joue un grand rôle dans la gestion de l'accès au canal sans fil : plus cette taille est réduite, plus la classe de trafic a de chance pour gagner la contention sur le canal. Pour cela, la fonction EDCF (Enhanced Distribueted Coodination Function) du nouveau standard 802.11e a essayé d'affecter à chaque catégorie de trafic la taille minimale (CW_{min}) et la taille maximale (CW_{max}) qui lui conviennent, selon son niveau de priorité. De plus, cette nouvelle fonction propose aussi que chaque classe de trafic augmente différemment la taille courante de son CW, afin de minimiser le risque d'une prochaine collision. Cependant, dans le cas d'une bonne transmission, la fonction EDCF garde le même principe que celui de la fonction de base DCF, qui exige de remettre immédiatement la fenêtre de contention à sa taille minimale (CW_{min}). Cette décrémentation brusque se trouve convenable pour des réseaux de petite taille et qui ne souffrent pas de longs moments de congestion, car avec une taille réduite de CW, on gagne les time slots qu'une station doit attendre avant de pouvoir accéder au médium. Toutefois, dans le cas des environnements congestionnés, il vaut mieux garder des grandes tailles des CWs, car si une collision survient, il est fort probable qu'elle sera suivie par une autre dans les instants qui suivent. Certains travaux ont été consacrés à l'étude de ce problème d'ajustement de CW suite à des bonnes transmissions, tel que l'approche adaptative, qui essaye d'introduire le taux de collision dans le calcul des nouvelles tailles des CWs, dans le but de les adapter aux conditions du canal. Comparée à l'EDCF, cette approche a montré des bons résultats pour des environnements congestionnés. Dans le but de bénéficier des atouts des ces deux types de décrémentation, adaptative et rapide, nous proposons dans ce projet de mastère de combiner les deux approches pour aboutir à une décrémentation intermédiaire convenable pour tous les états du réseau (congestionné ou normal). Cette approche, nommée Conditionned Enhanced Distribueted Coordination Function (CEDCF), suggère que la décrémentation de la taille de la fenêtre de contention soit conditionnée par le taux de collision, qui sera calculé périodiquement par la station. Si ce taux est important, cela signifie que le milieu est congestionné, et par conséquent, la station doit choisir la décrémentation adaptative. Dans le cas où le taux calculé est faible, c'est la décrémentation rapide de l'EDCF qui sera adopté. La décision sera prise après la comparaison du taux de collision à des seuils qui dépendent de la catégorie de trafic, et qui seront fixés en se basant sur un ensemble de simulations. Les résultats obtenus, suite à l'implémentation de cette approche dans l'environnement de simulation NS2, montrent son efficacité de point de vue gestion du canal, puisqu'elle permet d'ajuster la taille de la fenêtre de contention selon la charge du réseau.

Le présent rapport est organisé comme suit : le premier chapitre donne une vision globale sur les réseaux ad hoc sans fil, tout en détaillant les principaux protocoles de routage ad hoc existants, et surtout, le principe de la norme 802.11 et de la fonction DCF. Ce chapitre introduit au problème de la qualité de service pour ce type de réseaux.

Le second chapitre présente les principaux travaux de QoS dans les réseaux ad hoc qui ont essayé de trouver des solutions au problème de la garantie de la qualité de service pour les applications temps réel dans les réseaux ad hoc, notamment les travaux concernant le routage et la couche MAC.

Dans le troisième chapitre, nous allons exposer le problème d'ajustement de la taille de la fenêtre de contention (CW). Nous citons les travaux réalisés dans ce sujet et nous proposons notre solution pour décroître convenablement les tailles des CWs suite à des bonnes transmissions.

Un ensemble de simulations est réalisé à l'aide de l'outil de simulation Network Simulator 2 (NS-2). Les résultats obtenus sont analysés dans le dernier chapitre et ils montrent une meilleure utilisation des ressources du réseau grâce à l'approche que nous avons proposée. Enfin, une synthèse globale et des futurs travaux seront traités dans la conclusion générale.

Chapitre 1

Les réseaux Ad Hoc : Vue d'ensemble

1.1   Introduction

Actuellement, les réseaux ad hoc sans fil connaissent de plus en plus de succès, grâce à la facilité de leur déploiement et aux économies qu'ils permettent de réaliser En effet, les réseaux ad hoc ne nécessitent aucune infrastructure fixe et tous les noeuds sont libres de bouger et de se déplacer sans aucune contrainte. Ce chapitre donne une aperçue générale sur les réseaux ad hoc et explique le principe de la couche MAC, qui se base sur le standard 802.11.

1.2   Définition des réseaux ad hoc

Un réseau ad hoc, appelé généralement MANET (Mobile Ad hoc NETwork), consiste en une grande population, relativement dense, de stations pouvant être mobiles ou fixes et dont le seul moyen de communication est l'utilisation des interfaces sans fil, sans l'aide d'une infrastructure préexistante ou administration centralisée, formant ainsi un réseau temporaire. Ce réseau peut être autonome ou connecté à une infrastructure fixe. La route entre un noeud source et un noeud destination peut impliquer plusieurs sauts sans fil, d'où l'appellation de "réseaux sans

4

fil multi-sauts". Un noeud mobile peut communiquer directement avec un autre noeud s'il est dans sa portée de transmission. Au delà de cette portée, les noeuds intermédiaires jouent le rôle de routeurs (relayeurs) pour relayer les messages saut par saut. Ainsi, chaque noeud prend part dans la découverte et le maintien des routes vers les autres noeuds du réseau. De ce fait, lorsqu'une station émettrice est hors de portée de la station destinatrice, la connectivité du réseau est maintenue par les stations intermédiaires. Un exemple de réseau ad hoc est présenté sur la figure 1.1, dans laquelle un noeud intermédiaire assure une communication entre une source et une destination. Les cercles dans cette figure représentent la portée radio de chaque station et tous les noeud qui se trouvent à l'intérieur ou bien sur l'une de ces cercles se trouvent dans la zone de couverture du noeud au centre. Ils sont alors appelés les voisins de ce noeud.

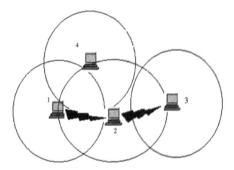

FIG. 1.1 – Exemple de réseau ad hoc.

Dans cet exemple, il est intéressant de noter que la station 3 n'est pas à la portée de la station 1. Pour qu'ils puissent communiquer la station 2 doit faire suivre les paquets. Concernant les applications cibles, les réseaux ad hoc peuvent trouver différents champs d'application, à savoir lors d'opérations de secours (par exemple des incendies) ou bien de tactiques militaires. Un autre exemple applicatif des réseaux ad hoc est celui du projet DSRC (Digital Short Range Communication), qui s'intéresse à la communication entre les véhicules.

1.3 Principales caractéristiques des réseaux ad hoc

Les réseaux ad hoc peuvent être déployés dans un environnement quelconque. Le déploiement de ces réseaux est, d'une part simple puisqu'il suffit de disposer d'un certain nombre de terminaux dans un espace quelconque, et d'autre part rapide puisqu'il est immédiatement fonctionnel dès que les terminaux sont présents. Ces réseaux héritent les mêmes propriétés et les problèmes mêmes liés aux réseaux sans fil classiques. Particulièrement, le fait que le canal radio soit limité en terme de capacité, plus exposé aux pertes (comparé au médium filaire), et sujet à des variations dans le temps. Le canal est confronté aux problèmes de la 'station cachée' et la 'station exposée'.

- *Le problème de la station cachée (hidden terminal)* [2] : Dans l'exemple de la figure 1.2, supposons que la station B est dans la zone de couverture de deux autres stations A et C, mais chacun de ces deux derniers ne peut pas écouter l'autre. Supposons aussi que A est en train de transmettre à B. Dans ce cas, si C a des paquets à envoyer à B, il écoute le medium et trouve qu'il n'est pas occupé puisqu'il ne peut pas écouter les transmissions de A. Il commence ainsi à transmettre ses données, ce qui produit des collisions au niveau de B.

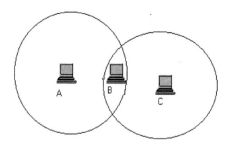

FIG. 1.2 – Le problème de la station cachée.

- *Le problème de la station exposée (exposed terminal)* [2] : Prenons l'exemple de la figure 1.3 et supposons que les terminaux A et C sont les deux dans la portée radio de B. Ils peuvent ainsi écouter les transmissions de B mais chacun d'eux ne peut pas écouter l'autre. Lorsque B transmet des paquets vers A et que C a un paquet à transmettre vers D, il va retarder sa transmission, puisqu'il trouvera que le medium est occupé, malgré que la transmission ne causera pas de problème de collision au niveau de A.

D'autres caractéristiques spécifiques aux réseaux ad hoc [1], [2] conduisent à ajouter une complexité et des contraintes supplémentaires qui doivent être prises en compte lors de la conception des algorithmes et des protocoles réseaux, à savoir :

- *Une topologie dynamique* : Dans un tel réseau, chaque noeud peut quitter ou rejoindre le

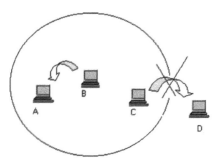

FIG. 1.3 – Le problème de la station exposée.

réseau à tout moment et peut se déplacer librement, ce qui rend la topologie du réseau instable et imprévisible. Cette propriété peut être expliquée par la figure 1.4. Les noeuds sont modélisés par des cercles et les liens de communication par des traits.

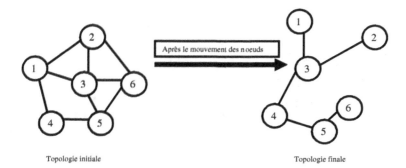

FIG. 1.4 – Changement de la topologie dans les réseaux ad hoc.

– *La contrainte de la bande passante* : La bande passante est limitée et restreinte si l'on compare à celle offerte dans les réseaux filaires, puisque le canal de transmission sans fil est partagé [2]. La congestion est une des conséquences du problème de la limitation de la bande passante, qui est encore alourdi par les diffusions, car tout paquet de diffusion émis vers une station en cours de communication (que ce paquet lui est destiné ou pas) va altérer la communication de cette station.

– *Une sécurité difficile à contrôler* : les réseaux mobiles sans fil sont par nature plus sensibles aux problèmes de sécurité. Pour les réseaux ad hoc, le principal problème ne se situe pas tant au niveau du support physique mais principalement dans le fait que tous les noeuds sont équivalents et potentiellement nécessaires au fonctionnement du réseau. Les possibilités de s'insérer dans le réseau sont plus grandes, la détection d'une intrusion ou d'un déni de service est plus délicate et l'absence de centralisation pose un problème de remontée de l'information de détection d'intrusions

– *La contrainte de l'énergie* : ce problème se pose beaucoup dans le réseaux ad hoc puisque chaque station met ses propres ressources énergétiques à la disposition des autres pour les besoins de routage. Il est donc important que les protocoles mis en place dans les réseaux ad hoc prennent en compte ce problème.

1.4   Le routage dans les réseaux ad hoc

Le routage dans les réseaux ad hoc se base sur une approche simple et intuitive : la réémission des paquets par chaque noeud permet la propagation dans le réseau. Le problème réside dans le choix du chemin optimal. En effet, étant donnés deux noeuds quelconques dans un réseau, le problème de routage revient à calculer le " meilleur" chemin qui permet de les joindre. Mais il y a toujours une difficulté dans le choix du critère permettant de dire qu'un chemin est meilleur qu'un autre. Il s'agit d'affecter une certaine métrique aux algorithmes de routage, afin que le problème se transforme par exemple à un problème de recherche de plus court chemin entre la source et la destination. Pour le cas des réseaux ad hoc, la totalité des protocoles de routage actuels, proposés au sein du groupe MANET de l'IETF, utilisent la même métrique de routage qui est le nombre de sauts ou le temps de transmission minimum. Les protocoles de routage ad hoc s'appuient sur deux modèles de fonctionnement : les protocoles proactifs et les protocoles réactifs. On peut les différencier par la méthode utilisée pour découvrir le chemin entre le noeud source et le noeud destination, comme illustré par la figure 1.5 [3].

Cependant, entre ces deux familles, une autre approche commence à émerger. Il s'agit des protocoles dits hybrides qui s'inspirent à la fois des protocoles proactifs et des protocoles réactifs. La stratégie de routage doit prendre en considération les changements de la topologie ainsi que les autres caractéristiques du réseau ad hoc (bande passante, nombre de liens, ressources du réseau, etc).

1.4.1   Les protocoles de routage proactifs

Pour cette catégorie, les protocoles de routage anticipent la demande d'acheminement de paquets et établissent les routes à l'avance en se basant sur l'échange périodique des tables de routage. Ils recherchent à intervalle régulier les différentes routes disponibles dans le réseau.

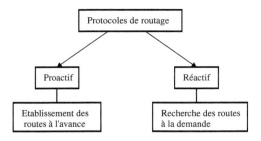

FIG. 1.5 – Classification des protocoles de routage ad hoc.

Quand un paquet doit être transmis, sa route est déjà connue et peut ainsi être immédiatement utilisée. Lorsque la topologie change, des messages se mettent à se propager pour mettre à jour les tables des routages dans les noeuds. La manière dont ces informations topologiques sont distribuées à travers le réseau ainsi que le nombre des tables de routage nécessaires dans chaque noeud constituent les points qui différencient les protocoles de routage de cette classe. Nous allons dans ce qui suit présenter brièvement les deux protocoles les plus connus pour cette catégorie : DSDV et OLSR [1].

A) Le protocole DSDV

Le protocole DSDV (Dynamic destination-Sequenced Distance Vector) utilise la méthode du Vecteur de Distance (Distance Vector) et se base sur l'algorithme distribué de Bellman-Ford (DBF) [3]. Chaque station mobile maintient une table de routage qui contient toutes les destinations possibles et le nombre de noeud (ou de sauts) nécessaire pour atteindre ces destinations. A chaque noeud destination est lié un numéro de séquence utilisé pour faire la distinction entre les anciennes et les nouvelles routes, ce qui évite surtout la formation de boucles et le comptage à l'infini, aussi connu sous le nom du "problème de Bellman-Ford". Ces tables sont échangées périodiquement entre les voisins et aussi suite à un évènement lié à une modification de la topologie du réseau (lien rompu, nouvelle station, etc). Ces mises à jour peuvent se faire de deux manières : intégrale ou bien incrémentale et cela selon l'importance des modifications constatées. Pour les mises à jour incrémentales, seules les données qui ont changées par rapport à la dernière mise à jour sont diffusées, alors que dans les mises à jour intégrales, c'est la table toute entière qui est diffusée aux voisins, ce qui nécessite un plus grand nombre de paquets envoyés. DSDV est donc un protocole simple et permet d'éliminer

---

[1]Autres protocoles de routage proactifs : FSR (Fisheye State Routing), GSR (Global State Routing), HSR (Hierarchical State Routing)

le problème des boucles de routage rencontré dans les protocoles à vecteur de distance, grâce à l'utilisation du numéro de séquence. Cependant, DSDV utilise une mise à jour périodique et basée sur les événements, ce qui cause un contrôle excessif dans la communication et ce qui exige que tous les noeuds soient actifs même en absence de communications.

B) Le protocole OLSR

Le protocole OLSR (Optimized Link State Routing) est un protocole à état de lien optimisé qui s'appuie sur le concept de Relai Multi Point (Multi Point Relay, MPR). Dans un protocole à état de lien chaque noeud déclare ses liens directs avec ses voisins à tous les autres noeuds du réseau. Dans le cas d'OLSR, les noeuds ne déclarent qu'une sous partie de leur voisinage. L'ensemble des voisins déclarés est choisi de façon à pouvoir atteindre tout le voisinage à deux sauts. Cet ensemble s'appelle l'ensemble des relais multipoints [4]. Autrement dit, Les MPR sont des noeuds élus par chaque station de manière à ce que tout voisin de cette station soit joignable en un maximum de deux sauts. La diffusion des différents messages de contrôle ne se fait que vers les MPR, réduisant ainsi les répétitions inutiles et évitant l'inondation totale du réseau. Dans l'exemple de la figure 1.6, la station A a choisi C, E et F comme relais multi point. Quand A émet un message de contrôle de la topologie TC (Topology Control), il est seulement retransmis par C, E et F, qui le retransmettent à leur tour vers leurs MPRs.

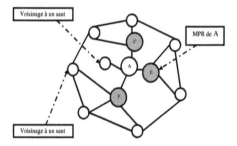

FIG. 1.6 – Exemple d'élection des MPR dans le protocole OLSR.

Ainsi, seuls les noeuds MPR ont la connaissance totale de la topologie du réseau, et peuvent donc assumer le rôle du routeur. Les autres stations se contentent de diffuser vers leurs voisins MPR. Chaque noeud maintient de l'information sur les noeuds qui l'ont élu en tant que MPR. Ceci est fait grâce à des message de présence (Hello messages) envoyés par chaque noeud à ses voisins dans le but de détecter les stations avec lesquelles il a un lien direct et symétrique en supposant que tous les liens sont bidirectionnelles.

OLSR propose donc une optimisation afin de limiter le nombre de réémissions pour les broadcasts qui doivent courir tout le réseau et fournit des routes optimales en nombre de sauts. Il convient pour des grands réseaux grâce à son mécanisme de MPR, mais est sans doute moins efficace pour de petits réseaux.

1.4.2 Les protocoles réactifs

Les protocoles de routage réactifs, contrairement à ceux proactifs, créent et maintiennent les routes à la demande. Dès que le réseau a besoin d'une route, la procédure de découverte de routes est lancée et cela dans le but d'obtenir une information spécifiée, inconnue au préalable. Une fois la route est découverte, la source commence à transmettre les paquets à travers cette route. Durant la transmission, il se peut que la route devienne interrompue à cause du mouvement des noeuds intermédiaires et dans ce cas la route doit être reconstruite. Ce processus de détection des coupures et de reconstruction de la route interrompue s'appelle la maintenance de la route. L'avantage principal des protocoles réactifs par rapport aux protocoles proactifs est qu'ils préservent la bande passante au maximum puisqu'il n'y a pas d'informations de routage échangées ou maintenues sur les noeuds en dehors des chemins actifs. Le coût de cet avantage est l'introduction d'un délai important avant l'ouverture de la communication, causé par la procédure de recherche de la route. Le reste de cette sous section est consacré à la description des trois exemples des protocoles de routage réactifs, à savoir : DSR, AODV et TORA [2].

A) Le protocole DSR

Le protocole DSR (Dynamic Source Routing) [4] se distingue par l'utilisation du routage à la source. Cela veut dire que la source connaît le chemin complet vers la destination et l'insert dans l'entête de chaque paquet. Lorsqu'un noeud désire envoyer des paquets vers une destination dont il ne connaît pas encore la route, il déclenche la procédure de découverte de route qui se déroule comme suit : la source diffuse à ses voisins une requête RREQ (Route Request) contenant un champs 'enregistrement de route' dans lequel sera accumulée la séquence des noeuds visités durant la propagation de la requête dans le réseau. Tout noeud intermédiaire qui reçoit cette même requête pour la première fois la diffuse à son tour à ses voisins, en complétant le champs 'enregistrement de la route' de son propre identifiant jusqu'à ce qu'elle arrive au noeud destination. Celui-ci répond alors par un paquet de réponse RREP (Route Reply) en diffusion récursive vers la source, comme le montre la figure 1.7, contenant le champs 'enregistrement de route' pour indiquer un chemin vers la source.

Cette phase de recherche de chemin accessible est suivie par l'étape du maintien de la route qui se déroule comme suit : si une coupure d'un lien dans le chemin entre la source et la destination est survenue, la station qui n'a pas pu router l'information vers le noeud

---

[2]Autres protocoles de routage réactifs : CBRP (Cluster Based Routing Protocol)

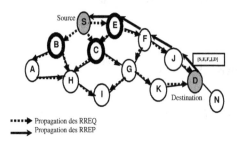

FIG. 1.7 – Exemple d'élection des MPR dans le protocole OLSR.

suivant envoie alors un message d'erreur vers la source RERR (Route Error), contenant son adresse et l'adresse du noeud suivant dans le chemin, comme illustré par la figure 1.8. De cette façon, tous les noeuds qui reçoivent ce message retirent le lien erroné de tous les chemins utilisés. Les informations contenues dans les messages RREQ et RREP permettent aux stations qui les reçoivent de construire des caches dans la source, la destination ou aussi les noeuds intermédiaires, ce qui évite d'avoir à effectuer une nouvelle recherche de chemin tant que la route reste valide.

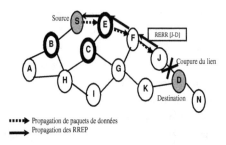

FIG. 1.8 – Exemple d'élection des MPR dans le protocole OLSR.

Globalement, DSR est un protocole simple et robuste. De plus le problème de boucle de routage ne se pose pas pour ce protocole, car le chemin source-destination fait partie des paquets de données envoyés, ce qui fait qu'un noeud peut distinguer facilement entre ses propres requêtes et requêtes diffusées par les autres stations. Cependant ce qui présente un point faible pour DSR est l'accroissement de la taille du paquet avec la longueur du chemin à travers laquelle il sera acheminé, puisqu'elle est insérée dans l'entête du paquet.

B) Le protocole AODV

Le protocole AODV (Ad hoc On demand Distance Vector) partage certaines caractéristiques avec le protocole DSR, dans la mesure où il utilise les mêmes messages RREQ et RREP. Il reprend la même procédure en la modifiant pour éviter le transport des routes à suivre dans tous les paquets. Pour cela, chaque noeud tient à jour une table de routage qui peut servir de caches, de sorte qu'un noeud intermédiaire qui connaît la route vers la destination réponde à la source directement, permettant ainsi de réduire le délai introduit par la procédure de découverte de route avant l'établissement d'une communication [5]. Afin de surveiller l'utilisation des entrées des tables de routages, le protocole AODV maintient des timers dans chaque noeud. Une entrée est alors expirée si elle n'a pas été récemment utilisée. D'autre part, AODV utilise les principes des numéros de séquence à fin de maintenir la consistance des informations de routage et d'éviter le problème de formation de boucles et le comptage à l'infini, ce qui offre une convergence rapide quand la topologie du réseau ad hoc change. Pour mieux voir comment les boucles peuvent se produire, considérons le simple exemple de la figure 1.9. Dans cet exemple, la source S diffuse des paquets RREQ, qui seront interceptés par le noeud intermédiaire A. Celui-ci l'envoie à ses voisins (noeud B inclus) qui le transmet à son tour vers le noeud C. Ce dernier va rediffuser cette requête qui sera entendue par A, puisqu'il est son voisin. Si le noeud A accepte cette requête de copie de RREQ, une boucle va se former.

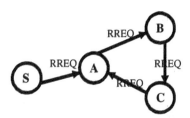

FIG. 1.9 – Exemple d'élection des MPR dans le protocole OLSR.

1) Découverte de route

Un noeud diffuse des paquets RREQ dans le cas où il aurait besoin de connaître une route vers une certaine destination et qu'une telle route n'est pas disponible, soit parce que la destination n'est pas connue au préalable, soit le chemin existant vers la destination a déjà expiré sa durée de vie ou il est devenu défaillant. Un noeud recevant ce paquet doit mettre à jour ses informations relatives à la source. S'il trouve une route vers la destination avec un numéro de séquence supérieur ou égal à celui indiqué dans la requête RREQ, il peut envoyer un paquet RREP vers le noeud source. Sinon, il rediffuse le RREQ à ses voisins, à moins qu'il ait déjà traité la même requête. Alors que les paquets RREP reviennent vers la source, chaque noeud traversé incrémentera le nombre de sauts et ajoutera une entrée à sa table pour la destination. Un chemin bidirectionnel est donc désormais disponible entre la source et la destination. Si la source reçoit un autre RREP avec un nombre de saut inférieur ou bien un numéro de séquence supérieur, elle change l'ancienne route vers cette destination dans sa table de routage par la nouvelle route et commence à l'utiliser.

Chaque noeud maintient la liste de ses voisins immédiats, par l'échange périodique de messages HELLO, qui peuvent servir pour découvrir la rupture d'un lien de façon à émettre un message d'erreur RERR en cas d'absence de réponse pour ce message HELLO.

2) Maintien de la route

La perte d'une route peut être signalée par des messages de type RERR, aux noeuds utilisant cette route. Un noeud intermédiaire peut tenter de réparer une route avant d'envoyer un paquet de type RERR. Si cette tentative échoue, alors, il envoie le message RERR et la route est successivement détruite dans les tables de routage des noeuds intermédiaires. Contrairement à DSR, les paquets RERR dans AODV tendent à informer toutes les sources utilisant le lien rompu. La propagation de ces paquets peut alors être assimilée à un arbre dont la racine est le noeud qui a détecté la rupture du lien, et toutes les sources qui utilisent ce lien sont les feuilles. Après réception de RERR, si la source désire toujours émettre, elle lance de nouveau la procédure de découverte de route.

C) Le protocole TORA

Le protocole TORA (Temporally Ordered Routing Algorithm) a été conçu principalement pour faire face aux effets des changements de la topologie qui sont fréquents dans les réseaux ad hoc, en stockant plusieurs routes vers la même destination, même si aucune de ces routes ne constitue le plus court chemin. Les longs chemins peuvent aussi être utilisés afin d'éviter le contrôle induit par le processus de découverte de nouveaux chemins [5].

La rupture d'un lien dans une route vers la destination est directement résolue sans l'intervention de la source en envoyant les paquets de données vers un autre chemin parmi l'ensemble des chemins maintenus dans les noeuds intermédiaires. Le problème avec ce protocole est qu'il est basé sur la synchronisation entre les différents noeuds du réseau, ce qui est plus coûteux au niveau hardware.

1.4.3 Les protocoles hybrides

Ces protocoles utilisent une combinaison des principes du routage proactif et réactif pour aboutir à des meilleurs résultats. Ils fournissent un bon compromis en terme de diffusion pour les mises à jour des tables de routages. Un exemple de cette nouvelle famille est le protocole ZRP (Zone Routing Protocole), dans lequel chaque noeud maintient une table de routage dont les données sont régulièrement émises en diffusion pour tous les noeuds qui lui sont distants d'une distance prédéfinie, ce qui fait que le routage est de caractère proactif dans cette zone. Pour atteindre tout autre noeud ne figurant pas dans la table de routage, on a recours à un routage inter-zone qui se base sur un protocole de routage réactif similaire au protocole DSR. Ainsi, l'inondation du réseau par les messages de découverte de routes est limitée pour ce type de routage qui est plus adapté pour les grands réseaux.

1.5 La consommation de l'énergie dans les réseaux ad hoc

Les terminaux dans un réseau ad hoc sont généralement alimentés par des batteries de durée de vie limitée, ce qui est par ailleurs le cas pour la plupart des réseaux sans fil avec infrastructure. Cependant, la différence réside dans le fait que pour les réseaux avec infrastructure, les stations de base ne souffrent d'aucune limitation énergétique, la contrainte d'énergie ne se pose qu'au niveau des stations mobiles. C'est pourquoi les stratégies adoptées pour ces réseaux se basent sur la consommation de l'énergie dans les stations de base, pour maximiser la durée de vie des terminaux. Cette approche n'est plus valable si l'on parle des réseaux ad hoc qui ne bénéficient d'aucune infrastructure préexistante. D'autre part, dans les réseaux avec infrastructure, les terminaux opèrent indépendamment l'un de l'autre en utilisant les stations de base pour communiquer entre eux. La gestion de l'énergie pour un noeud ne concerne alors que ses applications locales propres à lui. Ce n'est plus le cas pour les réseaux ad hoc puisque les noeuds sont liés et interdépendants entre eux et doivent coopérer pour assurer surtout les besoins de routage. Il est ainsi important de faire recours à des stratégies qui auront pour but de maximiser la durée de vie des stations et du réseau tout entier. Notre contribution [6] dans ce sujet était de concevoir un protocole de routage optimisé visant à router les données à travers des chemins plus 'sûres', ne contenant que des noeuds ayant suffisamment d'énergie.

Etant expliqué les principales caractéristiques des réseaux ad hoc et décrit le principe de fonctionnement de quelques protocoles de routage, nous allons, par la suite, présenter le standard 802.11, utilisé dans les réseaux ad hoc pour les transmissions sans fil.

1.6   Description de la couche MAC (802.11)

Actuellement, les standards IEEE 802.11 et Bluetooth sont principalement utilisés dans les réseaux ad hoc pour le support des communications sans fil. Nous avons utilisé dans notre travail la couche MAC du standard IEEE 802.11 [7]. Pour ce standard, l'accès au médium est spécifié par le protocole CSMA/CA (Carrier Sense Multiple Access with Collision Avoidance). Le CSMA/CD (Collision Detection) traditionnel ne fonctionnerait pas, étant donné qu'une station ne peut pas écouter les collisions sur le médium pendant qu'elle émette. Le principe de base de CSMA/CA est d'écouter avant d'émettre puis de tenter d'obtenir l'accès : si le lien est inoccupé lorsqu'un noeud cherche à transmettre des données, celui-ci envoie ses paquets. Si le réseau est occupé, le noeud attend la fin de la transmission en cours pour gagner le droit d'accès au médium. Lorsque sa temporisation expire, si le canal est toujours inoccupé, le noeud envoie ses paquets. Le noeud qui a choisi la temporisation la plus courte est donc celui qui gagne le droit d'accès au médium. Les autres noeuds attendent alors simplement la fin de la transmission pour avoir le droit de tenter à nouveau l'accès au médium. Puisque la temporisation est aléatoire et effectuée pour chaque paquet, le canal est équitable pour tous les utilisateurs.

Les données sont transmises avec ou sans réservation du médium. La réservation du médium se fait avec des trames de contrôle Request To Send (RTS) de 20 octets et Clear To Send (CTS) de 14 octets (pour une trame de longueur inférieure à 2346 octets)[3]. Si une collision se produit, la source continue à émettre sa trame, car elle ne peut pas écouter le médium pour détecter d'éventuelles collisions. Le temps d'occupation du médium est indiqué dans les trames RTS, CTS et Data si bien que les autres stations, en entendant ces trames, peuvent ajuster leur Network Allocation Vector (NAV) qui contient la durée d'occupation du médium. Deux méthodes d'accès ont été définit pour ce standard : la fonction de coordination distribuée (DCF) et la fonction de coordination par élection (Polling) (PCF). Avec la première fonction, (i.e. utilisant DCF), les terminaux luttent pour accéder au canal avant la transmission de chaque paquet, et on parle de mode "avec contention". Pour la deuxième fonction, le contrôle d'accès se fait au niveau du point d'accès qui élit le prochain terminal à transmettre. C'est le mode "sans contention", puisque l'accès au canal est contrôlé par le point d'accès. Pour les réseaux ad hoc, on ne peut parler que du mode avec contention, puisque ces réseaux n'admettent pas des points d'accès.

---

[3]Une trame IEEE 802.11 est constituée d'un en-tête de 30 octets, de données (0 à 2312 octets) et d'un code polynomial sur 4 octets

1.6.1 La fonction de coordination distribué (DCF)

La fonction DCF est une fonction de transmissions asynchrones, convenable pour les transmissions de paquets de données qui n'ont pas de contraintes sur les délais.

Le principe de la fonction DCF [7] consiste à écouter le médium pour voir si un autre noeud est en train d'émettre. Avant de pouvoir transmettre ses données, la station doit s'assurer que le médium est libre pour une certaine durée appelée le DIFS (DCF Inter Frame Space). Si une autre station est déjà en train d'émettre, l'émetteur attend que le médium se libère. Sinon, il attend un temps aléatoire supplémentaire appelé le temps de backoff, dont le principe sera expliqué plus loin dans cette section. Si personne n'est en train d'émettre, la source peut commencer à transmettre ses données. Cependant, si deux stations (au moins) émettent simultanément, la détection de collision n'est pas possible, car même si la station continue à écouter le médium pendant la transmission, elle ne pourra pas comparer entre le signal émis et le signal qu'elle écoute à cause de la dégradation de la qualité de signal par la propagation dans l'air. Pour cela, un acquittement (ACK) est utilisé pour informer la station émettrice que la trame est reçue avec succès. La figure 1.10 explique ce mécanisme simplifié de la fonction DCF, appelé aussi le mode de base. Le premier axe montre la transmission des données par la station source, après avoir vérifier que le médium est libre pendant le DIFS. L'axe 'Destination' décrit le comportement de la station destinatrice après avoir reçu les paquets de données : elle attend la durée SIFS puis envoie un acquittement de bonne réception. Le dernier axe retrace l'état du réseau comme elle est vu par les autres stations pendant la durée de cette communication.

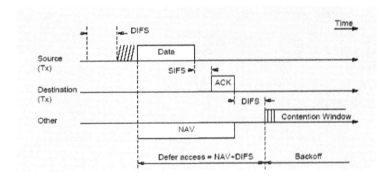

FIG. 1.10 – La fonction DCF en mode de base.

D'autre part, comme nous l'avons déjà expliqué dans ce chapitre, les réseaux ad hoc rencontre souvent les problèmes de la station cachée et la station exposée. Pour éviter leurs conséquences (surtout les collisions fréquentes), un principe de RTS/CTS (Request To Send / Clear To Send) est utilisé : avant d'émettre, la station envoie un message court (RTS) contenant l'adresse de destination et la durée de la transmission (figure 1.11). Ainsi, le canal est réservé pour la durée de transmission et les autres stations apprennent donc que le médium sera occupé pendant ce temps. La station destinatrice envoie un message court (CTS) qui indique à la source qu'elle peut commencer à émettre ses données sans risque de collision.

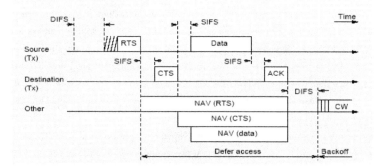

FIG. 1.11 – La fonction DCF en mode RTS/CTS.

L'avantage du mode simplifié (sans mécanisme de RTS/CTS) est de limiter la signalisation sur le lien. Cependant, il est plus intéressant de penser à limiter le nombre de collisions plutôt que la signalisation, surtout pour des paquets importantes. On utilise donc souvent RTS/CTS si la taille des paquets à envoyer sur le lien dépasse un certain seuil.

Notons aussi que les messages RTS/CTS et ACK sont prioritaires à l'accès au médium. Pour cela ils disposent d'un temps d'attente SIFS (Short Inter Frame Space) inférieur à celui des paquets de données. Ainsi, et à fin de respecter l'ordonnancement des paquets (RTS/CTS, ACK et DATA), on a recours à des espacement inter-paquets différents (SIFS < DIFS). Un paquet DATA doit attendre DIFS, tandis qu'un ACK atFtend SIFS, permettant à l'ACK un accès prioritaire au canal.

1.6.2   La procédure du backoff

La fonction DCF spécifie que si un paquet arrive lorsque le medium est libre, la station doit attendre la durée de DIFS avant de le transmettre. A la fin de cette durée, la procédure de backoff doit être lancée de la façon suivante : la station choisit aléatoirement un certain nombre compris entre 0 et une certaine valeur appelée fenêtre de contention ou Contention Window (CW). Cette valeur, appelée le $Backoff$ dans l'équation 1.1, ne sera décrémentée que si le médium est libre, et elle est bloquée dès qu'une autre station a pu accéder au canal de transmission.

$$Backoff = Random(0, CW) \tag{1.1}$$

Pour la fonction DCF, la taille initiale de la fenêtre de contention (CW_{min}) est identique pour toutes les stations. Par conséquent, les stations ont la même chance pour accéder au medium. Il se peut donc que deux ou plusieurs stations commencent à transmettre au même moment, ce qui cause des collisions. Dans ce cas, les stations sources ne peuvent pas détecter les collisions, mais elles s'aperçoivent que leurs paquets n'ont pas été bien reçus car elles ne reçoivent aucun acquittement. Avant de commencer une première tentative de retransmission, chaque station double la taille de sa fenêtre de contention pour diminuer la probabilité qu'elle tombe encore sur la même valeur de backoff que celle choisie par une autre station. La formule utilisée pour calculer la nouvelle taille de CW est donnée par l'équation 1.2, dans laquelle, la notation CW_{max} indique la valeur maximale que la taille de la fenêtre de contention peut atteindre.

$$CW_{new} = \min[CW_{max}, 2 \times CW_{old}] \tag{1.2}$$

La station recommence une nouvelle procédure de backoff avec la nouvelle valeur calculée CW_{new}. La valeur de backoff, aléatoirement choisie dans l'intervalle [0 CW_{new}], est décrémenté tant que le canal reste libre, et est bloqué dès que le canal devient occupé. Une fois ce backoff atteigne la valeur nulle, la station est autorisée à transmettre. Ce processus se répète après chaque collision de façon qu'à la $i^{ème}$ tentative de retransmission, la valeur de CW est :

$$CW_{new} = \min[CW_{max}, 2^{i+1} \times CW_{old}] \tag{1.3}$$

Le standard spécifie un nombre maximal de tentatives de retransmission, après lequel le paquet sera détruit. En cas de bonne transmission, la source remet son CW à CW_{min}, pour répéter la procédure de nouveau, si cette station désire émettre des nouvelles données.

1.6.3   La fonction PCF

La fonction PCF, Point Coordination Function [9], est une seconde méthode d'accès prévue par la norme qui offre un service sans contention. Elle consiste à définir un Point Coordinator (PC) au niveau du point d'accès. Ce PC peut ensuite donner la main à tour de rôle à chaque station pour lui permettre d'émettre. C'est le principe du polling (élection) et le PC a le rôle de maître. Le PC contrôle donc les transmissions de trames de manière à éliminer la contention pendant un intervalle de temps limité.

Le point d'accès (AP) lance périodiquement la fonction sans contention (CFP) en transmettant un paquet balise contenant la durée maximale de la PCF Ensuite, il choisit les stations à transmettre à tour de rôle. La fonction PCF utilise un espace inter-paquet PIFS plus court que DIFS, pour donner à la PCF la priorité d'accès absolue avant tout autre station (fonctionnant après DIFS). Cette méthode d'accès est prioritaire par rapport au DCF puisque DIFS > PIFS > SIFS. Toutes les stations sont informées de la durée de la période sans contention et ne peuvent pas accéder au lien pendant ce temps. Le PC attend ensuite au moins SIFS avant d'envoyer des informations sur le lien. Ces informations sont soit des données à envoyer, soit des trames qui permettent d'élire une station qui va pouvoir transmettre, soit une trame de terminaison de la période sans contention. Les stations élues accèdent au lien après avoir attendu un temps SIFS. A la fin de la CFP les stations peuvent utiliser la fonction DCF comme décrit dans la sous-section précédente, jusqu'à l'émission du paquet balise suivant, qui annonce la nouvelle période CFP.

1.7 Conclusion

Dans ce chapitre, nous avons étudié les réseaux ad hoc sans fil de différents cotés, et nous avons fini par détailler le principe de la norme 802.11, sur laquelle se base la couche MAC de ces réseaux, puisqu'elle constituera l'environnement de notre travail. Nous avons pu conclure que, d'une part, ces réseaux présentent des nombreux avantages par rapport aux réseaux sans fil classiques, en terme de productivité, simplicité et coût. D'autre part, cette nouvelle génération des réseaux peut assurer à ses utilisateurs des services multimédia et un accès aux informations en temps réel, quelle que soit leur localisation à l'intérieur d'une certaine zone de couverture. Cependant, l'introduction de la qualité de service, qui est la clé pour l'utilisation des applications multimédia, constitue un nouveau défi plus complexe pour ces réseaux car leur topologie et leurs ressources évoluent dynamiquement. Le chapitre qui suit donnera quelques exemples des recherches concernant ce sujet.

Chapitre 2

Etat de l'art de la qualité de service pour les réseaux ad hoc

2.1 Introduction

La qualité de service est définie comme un ensemble de besoins de service qui doivent être respectés par le réseau tout en transportant le flux de données d'une source à sa destination. Ces besoins sont régis par les conditions de service des applications d'utilisateur. Le réseau est prévu pour garantir un ensemble d'attributs de service pré-spécifiés mesurables aux utilisateurs en terme de performance de bout en bout, comme le délai, la bande passante, le taux de perte des paquets, la gigue, etc...

Dans les dernières années, plusieurs propositions ont enrichi l'état de l'art avec des propositions de support de la QoS dans les réseaux sans fil. Les travaux autour de Mobile IP ou d'UMTS devraient donner naissance à un certain nombre de protocoles de qualité de service pour les réseaux sans fil avec point d'accès, dans lesquels le réseau est divisé en zones géographiques administrées par des stations fixes. Ces travaux ne peuvent être transposés directement aux réseaux ad-hoc, dans lesquels aucune infrastructure fixe n'est présente. Ces réseaux ne disposent pas encore de protocoles de qualité de service standards adaptés à leurs spécificités. En effet, il est très difficile de garantir une quelconque qualité de service à une application temps réel dans un réseau ad hoc, car il faut prendre en considération les spécificités de ces réseaux, à savoir : la bande passante limitée, le changement dynamique de la topologie en fonction du temps, ainsi que le manque d'information complète sur l'état du réseau. En outre, la communication entre les stations mobiles étant par voix radio, la qualité du lien sans fil reste peu fiable, et susceptible à des variations suivant la configuration et l'état du réseau.

Dans ce qui suit nous allons présenter quelques travaux qui ont été orientés vers l'étude de l'introduction de la QoS dans les réseaux ad hoc pour garantir une qualité de service pour les applications temps réel. Les approches existantes dans la littérature peuvent être classifiées suivant les mécanismes de qualité de service utilisés ou bien suivant les couches du modèle de référence. Par exemple, nous pouvons parler des protocoles de routage avec support de la QoS, comme nous pouvons aussi trouver des solutions proposées au niveau de la couche MAC, qui s'appuient sur l'ajustement des certains paramètres de la fonction DCF, pour introduire la différenciation de service.

2.2 Les modèles de la QoS

L'Internet d'aujourd'hui applique le best effort d'IP : le réseau essaye de servir tout le trafic dans les limites de ses capacités, mais sans aucune garantie liée à la réception, le délai ou à la perte des paquets. Il est laissé aux systèmes d'extrémité pour faire face aux défaillances de transport dans le réseau. Bien que le best effort demeure adéquat pour la plupart des applications, le support de la QoS est exigé pour satisfaire aux besoins des applications multimédia sur IP (vidéo ou voix sur IP).

Un modèle de qualité de service définit quels types de service peuvent être fournis dans un réseau et les mécanismes utilisés afin d'offrir ces services (quelles fonctionnalités doit fournir le protocole de routage, quelle est l'architecture des nuds, etc.). Les modèles existants peuvent être classifiés en deux types selon leurs modes d'opération : le modèle des services intégrés (IntServ) qui fournit des réservations explicites de bout en bout et le modèle des services différenciés (DiffServ) qui se base sur le traitement différencié des paquets.

2.2.1 Limites des modèles Intserv et Diffserv pour les réseaux ad hoc

A) Le modèle IntServ /RSVP

1) Principe

Ce modèle de qualité de service est une solution développée par le groupe de travail Integrated Service de l'IETF, permettant de transformer les réseaux de type Internet en réseaux à intégration de services, c'est-à-dire capables aussi bien de transporter du trafic classique que des flux multimédia [10]. Il s'agit de permettre aux applications de réserver des ressources le long d'un chemin point à point ou multipoint. Les réservations sont effectuées pour chaque flux de données, c'est-à-dire pour chaque application. Dans cette approche, chaque routeur doit pouvoir :

– Classifier des paquets afin de déterminer à quel flux ils appartiennent.
– Ordonnancer ces paquets pour les transmettre en fonction des ressources réservées et disponibles.
– Effectuer un contrôle sur l'état des ressources avant d'accepter ou de refuser une demande de réservation.

Le modèle Intserv utilise le protocole de signalisation RSVP (Ressource ReSerVation setup Protocol) afin de mettre en place les réservations. La réservation de ressources se fait comme suit :

– La station émettrice envoie des messages de demande de chemin en direction du destinataire.
– Chaque routeur traversé par ce message doit enregistrer l'adresse du noeud précédant, la quantité de ressources réservée ainsi qu'un identifiant de flux.
– Le routeur ajoute ensuite au message des informations le concernant et il le transmet au noeud suivant.
– Lorsque ce message arrive au récepteur, il renvoie sur le chemin inverse un message de signalisation qui valide la réservation des ressources dans les routeurs.
– Enfin, l'émetteur recevant cette confirmation de réservation peut commencer le transfert des données.

2) Limites

Les deux remarques les plus importantes pour ce modèle sont :

Scalabilité : IntServ fournit un traitement par flux, ainsi la quantité d'information augmente proportionnellement avec le nombre de flux. Les routeurs, qui doivent maintenir l'état des ces flux, souffrent de la quantité d'information qu'ils doivent stocker. C'est le problème de la scalabilité dans IntServ. Ce problème demeure plus important dans les MANETs, du fait que les capacités des noeuds mobiles sont trop variables et limitées pour supporter un traitement complexe et gérer les réservations ainsi que les états des communications en cours.

Signalisation : Les protocoles de signalisation contiennent généralement trois phases : établissement de la connexion, maintien de la connexion et libération de la connexion. Dans les réseaux fortement dynamiques comme MANETs, où les liens sont susceptibles à des variations spatio-temporelles, ce n'est pas vraiment une approche prometteuse puisque les routes peuvent changer très fréquemment et ce mécanisme de trois phases prendra un temps pour s'adapter. Un autre problème important lié à la signalisation réside dans le surcoût engendré par les messages de contrôle échangés tout en maintenant les connexions.

B) Le modèle Diffserv

1) Principe

DiffServ [11][12] a été conçu pour surmonter la difficulté de mettre en application et de déployer IntServ et RSVP.

La différenciation de services est principalement réalisée grâce au champ Differentiated Service (DS ou DSCP : Differentiated Services Code Point) [12] dans l'en-tête IP et au comportement associé (Per-Hop Behavior ou PHB). DiffServ divise le réseau en domaines ; un domaine est un groupe de noeuds qui fonctionnent avec un ensemble commun de politiques d'allocation de service et de définitions de PHB. Un domaine DiffServ est constitué de deux types d'éléments fonctionnels : les éléments de bordure et les éléments du coeur du réseau.

Les routeurs de bordure (Edge Router) se situent à la frontière d'un domaine et se chargent de la mise en forme et de la classification du trafic. Une de leurs fonctions est d'attribuer une étiquette (DSCP : DiffServ Code Point) à tous les paquets entrant dans le domaine. La valeur de cette étiquette pour un flux donné dépend de la spécification du service (SLS : Service Level Spcification) attribué à ce flux et du comportement instantané de ce flux. Une fois que le paquet étiqueté est entré dans le réseau, ce dernier utilise le champ DSCP pour choisir la file d'attente et arbitrer entre les paquets en cas de congestion. Le comportement du routeur (PHB : Per Hop Behavior) est donc dépendant du DSCP. Les noeuds de bordure contiennent les éléments suivants :

- un métreur qui mesure le trafic afin de vérifier sa conformité par rapport au profil établi.
- un marqueur qui positionne le champ DS à une valeur déterminée (le champ DS identifie l'agrégat auquel le trafic appartient).
- un régulateur, pour retarder le trafic afin qu'il n'excède pas le profil.
- un éliminateur du trafic non-conforme si nécessaire.

Les éléments du coeur du réseau ne sont responsables que du transit des paquets. À chaque noeud, les paquets sont traités selon le PHB invoqué par l'octet DSCP dans l'en-tête du paquet. Les routeurs du coeur ne voient plus des flux utilisateurs mais des classes de trafic.

2) Limites

Les inconvénients principaux d'une approche de DiffServ dans MANETs sont énumérés ci-dessous :

- DiffServ est basé sur le concept des SLSs. Pour l'Internet, un SLS est un genre de contrat entre un client et son fournisseur de service Internet (ISP). L'administration d'un domaine de DiffServ doit s'assurer que les ressources sont suffisantes pour satisfaire les contraintes de SLS. Dans une topologie complètement ad-hoc où il n'y a aucun concept de fournisseur et de client et où il y a seulement des clients, il serait tout à fait difficile de maintenir la QoS, puisque il n'y a aucun engagement de quelqu'un à quelqu'un d'autre.

– L'avantage de DiffServ est que la classification et le traitement du trafic doit être fait seulement aux noeuds de la frontière. Ceci facilite la garantie de la qualité de service dans le coeur du réseau. Dans MANETs, il n'y ait aucune définition précise de ce qui est le coeur du réseau parce que chaque noeud est un expéditeur. Ainsi, cette contrainte reste difficile à satisfaire.

Les études menées ci dessus montrent que les modèles filaires sont peu adaptés aux contraintes des réseaux ad-hoc. IntServ requiert un volume de traitement important, ce qui engendre des problèmes de consommation dans les mobiles. De plus, la signalisation de type RSVP n'est pas adaptée à ce type de réseaux car elle est trop volumineuse par rapport à la bande passante limitée des réseaux sans fil. Enfin, le processus de maintenance des routes n'est pas adapté au caractère dynamique des réseaux ad-hoc. Le modèle DiffServ semble plus adapté. Cependant, il a été conçu pour des coeurs de réseaux possédant une bande passante importante et dont la topologie est relativement statique.

Nous constatant donc que ni un IntServ pur ni un DiffServ pur convient aux réseaux ad-hoc. Afin de se servir des avantages des deux modèles et évitez les inconvénients, une combinaison de DiffServ et d'IntServ pourra constituer une approche intéressante.

2.2.2   Flexible quality of service model for MANETs (FQMM)

Le modèle FQMM [13] repose sur une architecture plate (non hiérarchique) constituée d'une cinquantaine de noeuds mobiles, formant un domaine DiffServ. Il combine les propriétés des modèles filaires IntServ et DiffServ, en offrant une méthode d'approvisionnement hybride : par flux (pour les trafics prioritaires) et par classe (autres trafics). Dans le réseau, les noeuds peuvent avoir des rôles différents suivant les communications existantes : noeud d'entrée, intermédiaire ou de sortie. Les noeuds d'entrée permettent de marquer et classifier les paquets, qui seront ensuite relayés par les noeuds intermédiaires suivant leurs PHB (Per Hop Behavior), jusqu'à arriver au noeud destinataire.

Ce modèle repose essentiellement sur la couche IP, où les fonctionnalités sont séparées en deux grand plans : le plan relaie de données et le plan contrôle et gestion. Les techniques d'ordonnancement et de gestion de mémoires tampons sont étudiées.

L'avantage d'une telle approche est la possibilité d'interfacer le réseau avec l'Internet, vu les mécanismes de qualité de services offerts qui sont proches des protocoles filaires. Cependant, plusieurs mécanismes ainsi que l'interaction avec la couche MAC restent à définir pour s'adapter aux conditions variables du réseau ad hoc.

2.3 Le routage avec qualité de service

Les algorithmes de routage traditionnels présentés dans le chapitre précédent, ont été proposés pour router les données sans tenir compte des contraintes spécifiques liées la qualité de service. C'est le routage au mieux, qui consiste à rechercher le plus court chemin en terme de distance entre une source et une destination, afin de transférer des données. Ainsi, ils sont inadaptés aux applications qui nécessitent le support de la qualité de service.

Dans le cas du routage avec qualité de service, le but n'est pas simplement de trouver le meilleur chemin selon un certain critère, mais de trouver le meilleur chemin 'admissible'. On ajoute un certain nombre de contraintes sur les routes afin de déterminer leur éligibilité. Par exemple, on peut vouloir rechercher une route disposant d'une certaine quantité de bande passante pour un trafic vidéo. On peut aussi vouloir rechercher une route assurant que les paquets seront reçus par la destination au bout d'un certain délai, après leur émission par la source. D'autres critères peuvent être exigés, et toute route satisfaisant l'une de ces contraintes peut être qualifiée de route assurant une certaine qualité de service.

Ainsi, le principe du routage avec qualité de service est de rechercher un chemin entre deux noeuds satisfaisant certaines contraintes. Plusieurs métriques peuvent être utilisées telles que le délai de bout en bout ou la bande passante. Le routage avec qualité de service ajoute en général à des protocoles de routage usuels un contrôle d'admission afin de sélectionner parmi les routes disponibles celles qui satisfont les contraintes des flux.

Les travaux publiés concernant le routage avec qualité de service reposent beaucoup sur les protocoles de routage du groupe MANET de l'IETF. Dans ce qui suit, nous prenons un exemple des protocole proactifs (DSDV) et un exemple de routage réactif (AODV).

2.3.1 Routage QoS sur DSDV

Dans [14], les auteurs présentent un protocole de routage avec qualité de service visant à résoudre les problèmes de la station cachée, par une allocation dynamique d'unités TDMA (division du temps en unités appelées slots). Lors d'une demande de réservation, le protocole proposé évalue la quantité de bande passante disponible sur la route principale fournie par le protocole de routage DSDV [15] en évaluant le nombre d'unités TDMA disponibles sur chaque lien tout au long de la route.

Afin de résoudre les problèmes de la station cachée, il est nécessaire de ne pas utiliser les mêmes unités pour les transmissions dans deux liens adjacents. Aussi, une politique d'allocation d'unités est utilisée dès l'établissement de la route. Lorsque la demande de route arrive au destinataire, ce dernier renvoie à l'émetteur une confirmation contenant la politique d'allocation des unités sur le chemin. Les ressources sont alors effectivement réservées au fur et à mesure que ce message traverse le réseau en direction de l'émetteur.

Les problèmes liés à la mobilité sont traités en maintenant une route secondaire non optimale en terme de nombre de sauts. Ce protocole semble obtenir de bons résultats en ce qui concerne l'évaluation de la bande passante disponible sur un chemin et la probabilité de rejet des appels lors des simulations. Cependant, il est loin de résoudre tous les problèmes d'interférences, en particulier si deux noeuds utilisant les mêmes unités TDMA se rapprochent et arrivent à portée d'émission l'un de l'autre.

2.3.2   Routage QoS sur AODV

AODV est un protocole de routage réactif, c'est à dire que la recherche des routes se fait à la demande en se basant sur la diffusion des messages de contrôle Route Request (RREQ) et Route Reply (RREP). Pour ajouter la qualité de service à ce protocole de routage, des extensions peuvent être introduites dans ces messages de contrôle durant le processus de découverte de route pour spécifier les paramètres de bande passante ou de délai. Lorsqu'un noeud source veut envoyer des données à une destination particulière, il doit déterminer s'il a suffisamment de bande passante sur un lien quelconque qui le relie à l'un des ses voisins. Si elle n'a pas de ressources disponibles, elle refuse alors la demande lancée par sa couche application. Mais dans le cas contraire, elle crée une entrée dans sa table de routage et envoie le message. Un nud intermédiaire qui reçoit ce message modifié, doit s'assurer que la qualité de service demandée est disponible avant de rediffuser le paquet.

Si après l'établissement d'une route avec qualité de service, un noeud quelconque parmi ceux qui sont sur cette route détecte que les paramètres de qualité de service ne peuvent plus être maintenus, ce noeud doit transmettre un message de perte de QoS vers le noeud qui a demandé le niveau de QoS qui ne peut pas être assuré (généralement la source).

Contrairement au protocole AODV classique, un noeud intermédiaire qui peut satisfaire les paramètres de qualité de service contenus dans un message RREQ, doit nécessairement rediffuser le message même s'il possède une route vers la destination puisque ce nud intermédiaire n'a pas malheureusement suffisamment d'informations actuelles concernant le reste de noeuds sur la route s'il peuvent satisfaire la qualité de service demandée ou non. Par conséquent, le noeud destination est l'unique noeud capable de répondre avec le message RREP, car c'est le seul qui peut confirmer si la route satisfait aux critères de qualité de service exigés par l'application.

2.3.3   Le protocole CEDAR

CEDAR (Core-Extraction Distributed Ad hoc Routing Algorithm) [17] est un protocole de routage réactif avec qualité de service basé sur l'élection dynamique par les noeuds d'un coeur de réseau stable. Le processus distribué d'élection de ces noeuds est local et dynamique. Le rôle des noeuds du coeur est de propager efficacement des informations sur la bande passante disponible dans les liens, d'assurer le routage dans le réseau en impliquant un minimum de noeuds dans ce processus et de limiter autant que possible les diffusions. La distance de propagation des informations dépend de la qualité du lien en terme de stabilité et de bande passante disponible. Ce protocole comporte trois phases :

– Extraction d'un coeur du réseau : un ensemble de noeud est dynamiquement choisi pour calculer les routes et maintenir l'état des liens du réseau. L'avantage d'une telle approche est qu'avec un ensemble réduit de noeuds les échanges d'information d'état et de route seront minimisés, évitant ainsi plus de messages circulant dans le réseau. En outre, lors d'un changement de route, seuls les noeuds du coeur serviront au calcul.

– Propagation d'état de lien : le routage avec qualité de service est réalisé grâce à la propagation des informations sur les liens stables avec une grande bande passante.

– Calcul de route : celui-ci est basé sur la découverte et l'établissement d'un plus court chemin vers la destination satisfaisant la bande passante demandée. Des routes de 'secours' sont utilisées lors de la reconstruction de la route principale, lorsque cette dernière est perdue. La reconstruction peut être locale (à l'endroit de la cassure), ou à l'initiative de la source.

Ainsi, au lieu de calculer une route avec un minimum de saut, l'objectif principal de CEDAR est de trouver un chemin stable pour garantir plus de bande passante. Dans ce protocole de routage, les noeuds du coeur du réseau auront plus de trafics à gérer, en plus des messages de contrôle (pour la découverte et la maintenance des routes). En outre, en cas de forte mobilité, la convergence de l'algorithme est difficile à atteindre.

Pour conclure cette section, on peut dire que le routage avec QoS est difficile dans les réseaux Ad Hoc. En effet, le trafic de contrôle du routage QoS est assez élevé pour la bande passante limitée des réseaux ad hoc, car chaque terminal doit implémenter des mécanismes pour enregistrer et mettre à jour l'information concernant l'état des liens. Un autre problème est la difficulté d'avoir une information d'état précise (cohérente) sur la route, vu la nature dynamique des réseaux ad hoc. En effet, les ressources réservées pour une application donnée, le long d'un chemin établi, peuvent ne pas être garantie à cause des ruptures fréquentes des lien sans fil, qui peuvent être causées par la mobilité des noeuds ou bien l'insuffisance de l'énergie pour les noeuds intermédiaires. De ce fait, les résultats du routage avec QoS dans les MANETs sont relativement rares et pénibles, en comparaison avec les réseaux filaires fixes.

2.4 La différenciation de services dans la couche MAC

Le rôle du protocole d'accès au médium est très important pour tout type de réseaux, spécialement pour les réseaux locaux sans fil. Il est en charge d'éviter les collisions, d'assurer le partage de la bande passante et de résoudre certains problèmes spécifiques aux transmissions hertziennes. Récemment, des schémas de différenciation de service au niveau MAC ont été proposés. Néanmoins, ils sont souvent basés sur un contrôle centralisé. Dans les réseaux sans fil multi sauts, un contrôle distribué est nécessaire. Dans la section suivante nous nous intéressons aux mécanismes de différenciation de service proposés pour le protocole IEEE 802.11.

2.4.1 Introduction de la différenciation de service dans la fonction DCF

Dans le but d'améliorer la méthode d'accès DCF du protocole 802.11, des techniques de différenciation de service ont été proposées. Il s'agit de doter le protocole IEEE 802.11 d'un mécanisme de priorités entre les trames afin de concevoir des mécanismes de différenciation de services efficaces. Pour ce faire, on propose d'adapter certains paramètres de la fonction de coordination distribuée (DCF) de ce protocole pour construire des niveaux de priorité qui vont permettre de distinguer entre les flux de données. Ainsi, la station dont la priorité est la plus élevée est autorisée à accéder au médium avant les autres. Un mécanisme de priorité basé sur la différenciation entre les flux de données a été étudié par Imad AAD dans [18]. Son principe consiste à associer des DIFS ou des temps de backoff plus court pour les flux prioritaires. Ainsi, les flux prioritaires auront une plus grande probabilité d'accéder au médium que les autres. D'autres paramètres de la fonction DCF peuvent aussi être utilisés tel que la taille minimale et la taille maximale de la fenêtre de contention (CW_{min} et CW_{max}) [19] pour assurer une certaine différenciation de service.

A) Différents facteurs d'incrémentation de backoff

Dans IEEE 802.11, quand un paquet entre en collision avec un autre, les deux paquets sont retransmis dans des temps aléatoires dans le futur, choisis dans des fenêtres de contention (CWs) plus grandes. Il est possible d'incrémenter ces délais différemment selon le niveau de priorité.

En effet, nous savons déjà qu'après une collision, la nouvelle taille de la fenêtre de contention, CW_{new}, est calculée selon l'équation (2.1), en fonction de l'ancienne taille de la fenêtre de contention, CW_{old}.

$$CW_{new} = 2^{(i+1)} \times CW_{old} \qquad (2.1)$$

Le seul terme qui peut être configuré dans cette formule est $2^{(i+1)}$. L'idée pour introduire la

29

notion de priorité est de remplacer le '2' par un certain facteur de priorité P_j, qui dépend des données qu'une station j quelconque désire transmettre. Plus ces données sont prioritaires, plus ce facteur doit être minimal, pour garder une taille réduite de CW qui est la clef pour gagner la contention et accéder rapidement au canal. La nouvelle formule est donnée par l'équation (2.2).

$$CW_{new} = P_j^{(i+1)} \times CW_{old} \qquad (2.2)$$

Ainsi, au lieu de multiplier la fenêtre de contention par 2 à chaque fois, on le multiplie par un facteur qui caractérise la station mobile. Ici, plus ce facteur de priorité est grand, plus la durée du backoff est longue et par conséquent moins est la chance d'accéder au médium.

B) Différentes CW_{min}

Cette différenciation, basée sur le CW_{min}, consiste à attribuer différentes valeurs de CW_{min} aux différentes stations. La motivation principale pour penser à cette deuxième méthode de différenciation est que, avec un nombre restreint de stations en contention pour accéder au canal, les fenêtres de contention sont, pour la plupart du temps, à leur valeur minimale (CW_{min}). Par conséquent, une différenciation basée sur le mécanisme de backoff ne sera pas très utile puisque les CWs augmentent rarement, et les grandes valeurs de CWs sont rarement atteintes. Dans un tel cas, il sera plus intéressant d'utiliser le CW_{min} pour différencier entre les stations.

C) Différents espaces inter-frame DIFS

Il est aussi possible d'utiliser différentes valeurs de DIFS pour distinguer les flux des données les plus prioritaires. Ce mécanisme est déjà adopté pour prioriser l'envoie des acquittement à l'envoie des données, puisque le délai avant transmission des Acks est très inférieur au délai avant transmission des data (SIFS < DIFS). Dans cette approche, il s'agit d'associer à chaque niveau de priorité i une certaine valeur DIFS[i] de façon à ce que les valeurs les plus réduites correspondent aux niveaux de priorité les plus élevés.

D) Différenciation par limitation des tailles des paquets

Le dernier mécanisme qui peut être utilisé pour introduire la différenciation de service au niveau MAC est de limiter la taille maximale de la trame de données. On peut adopter deux stratégies :

– Eliminer les paquets dont la taille dépasse la taille maximale pour une station donnée.

– Fragmenter les paquets de taille supérieure à la taille limite.

2.4.2 La norme 802.11e

La norme 802.11e a été développée en 2001 [20]. Le but principal de 802.11e est d'améliorer la QoS dans les normes existantes de WLAN, c à d IEEE 802.11a et IEEE 802.11b, pour supporter les applications multimédia dont les flux sont un mélange de voix, de vidéo et de données.

L'apport principal de cette nouvelle norme est l'introduction des fonctions EDCF (Enhanced DCF) et HCF (Hybrid Coordination Function), qui définissent de nouveaux mécanismes visant à améliorer les méthodes d'accès au medium.

A) La fonction EDCF

Comparée à la fonction DCF, l'EDCF offre une qualité de service basée sur l'accès prioritaire au medium sans fil. Cela se traduit par l'introduction de huit catégories de trafics ou Traffic Category (TC), afin de définir huit niveaux de priorités (entre 0 et 7). Chaque TC aura sa propre queue au sein de la station et son propre ensemble de paramètres. Ces paramètres seront placés à différentes valeurs pour les huit classes de trafic pour différencier entre elles et pour leur associer différents niveaux de priorité. A l'arrivée d'un paquet pour être transmis, la station déterminera son niveau de priorité et le place sur la file d'attente appropriée. Les contentions auront lieu alors à l'intérieur de la station entre les différentes catégories de trafic.

Les priorités sont contrôlées par les stations en faisant intervenir les espaces inter-trames. Ces derniers ne sont plus identiques pour toutes les trames de données. En effet, l'EDCF introduit le AIFS (Arbitration IFS) qui dépend du niveau de priorité de la catégorie de trafic : plus la priorité est importante, plus le AIFS est réduit. La valeur minimale de AIFS correspond au DIFS de la fonction originale DCF. De même, la taille minimale et maximale de la fenêtre de contention (CW_{min} et CW_{max}) diffèrent selon la catégorie de trafic. Chaque TC correspond à une file d'attente FIFO où l'accès des paquets au canal se fait en mode DCF avec les nouveaux paramètres AIFS[TC], CW_{min}[TC] et CW_{max}[TC].

Chaque classe de trafic au sein de la même station se comporte donc comme une station virtuelle (figure 2.1). Elle lutte pour accéder au medium et commence indépendamment sa propre procédure de backoff, après avoir détecter que le médium est libre pendant la durée de AIFS. Lorsqu'elle gagne l'accès au medium, elle peut transmettre plus qu'un seul paquet sans entrer dans une nouvelle contention. En effet, la station est autorisée à envoyer autant de paquets qu'elle souhaite transmettre, à condition que le temps d'accès au medium ne dépasse pas une certaine limite appelée 'TxOpLimit'. Afin de s'assurer qu'aucune autre station n'interrompe la transmission, des durées inter-frame plus courtes (c.-à-d., SIFS) sont employées pour séparer entre les paquets envoyés. TxOpLimit ne doit pas être plus long que le temps requis pour la transmission de la plus grande trame de données.

B) La fonction HCF

La fonction HCF (Hybrid Coordination Function) est une méthode centralisée qui tend à remédier aux insuffisances de la fonction PCF en matière de QoS. A la différence de PCF, la méthode HCF fonctionne durant les périodes CFP et CP. Durant les CPs, une station transmet son paquet quand son backoff atteint zéro ou quand elle reçoive un message spécial de polling. Au cours de la CFP, le HC peut spécifier l'instant et la durée de transmission du noeud qu'il

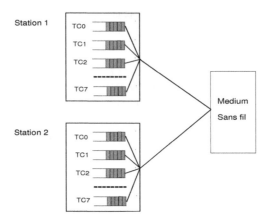

FIG. 2.1 – Principe de la fonction EDCF de IEEE 802.11e .

invite à transmettre. Pour faire une demande de polling, les noeuds utilisent un mécanisme similaire à celui utilisé dans HiperLAN-2 sur le canal d'accès aléatoire. Il est appelé contention contrôlée dans 802.11e. Un paquet de contrôle définit un nombre d'opportunités de contention contrôlée et un masque de filtrage contenant les TCs dans lequel les demandes de ressources peuvent être placées. Un noeud qui a des paquets à transmettre qui correspondent au filtre de TC choisit un intervalle d'opportunité et y transmet sa demande de ressources contenant le TC et la durée de transmission. Le HC génère donc un autre paquet de contrôle en retour pour acquitter la réception.

2.4.3   Discussion des paramètres de 802.11e

A) CW_{min}

G.Bianchi a prouvé dans [23] que la probabilité de collision est étroitement liée à la taille de la fenêtre de contention. Dans 802.11e, les huit classes de trafic (TCs) ont différentes valeurs de CW_{min}, ce qui signifie que les états initiaux des fenêtres de contention des différentes stations sont également différents. Par conséquent, si les autres paramètres (DIFS, CW_{max},..) sont égaux, les stations avec la plus petite valeur de CW_{min} auront une probabilité plus élevée à transmettre. En effet, plus la taille de CW_{min} est réduite, plus le nombre de time slots dans la procédure de backoff est également réduit. Le résultat est que moins de temps est perdu dans le processus de backoff et donc une utilisation plus efficace du medium. Cependant, réduire la valeur de CW_{min} mène aussi à une plus grande probabilité des collisions. Ce deuxième effet deviendra plus dominant dans les réseaux avec un nombre élevé de stations en contention (milieu congestionné).

B) CW_{max}

CW_{max} contribue également à l'évolution de la taille de la fenêtre dans la procédure de résolution des contentions. Les stations avec un plus petit CW_{max} s'attendent à avoir le plus grand part du medium. Cependant, par opposition à CW_{min}, la valeur de CW_{max} est seulement atteinte après un nombre de collisions successives avec le même paquet. Ceci suggère que la différenciation basée sur le CW_{max} n'aura un effet qu'avec un nombre relativement élevé de stations en contention. Par conséquent, la valeur de CW_{max} est bien plus critique si les collisions ont lieu fréquemment. Une petite valeur de CW_{max} peut dégrader considérablement les performances du réseau, si le niveau de contention est important.

C) TXOPLimit

Le TXOPLimit définit la durée pendant laquelle une station est autorisée à transmettre après qu'il ait gagné la contention. Supposons que plusieurs stations avec différentes classes de trafic ont les mêmes paramètres, sauf que les valeurs de TXOPLimit sont différentes. Dans ce cas, la probabilité d'une bonne transmission est la même pour tous ces stations. La différence est que la station avec la plus grande valeur de TXOPLimit pourra transmettre plus de paquets de données dans cette durée de temps. De point de vue débit utile, les stations avec une valeur plus élevée de TXOPLimit gagneront le plus grand part du medium.

D) AIFS

La longueur d'AIFS détermine après combien de time slots la station recommence le compte de son backoff. Si les autres paramètres sont fixés à égale, la station avec un AIFS le plus réduit pourra commencer à diminuer son backoff plus tôt que les autres quand le canal est senti libre. Ceci signifie que les stations avec une plus petite valeur d'AIFS auront un accès plus rapide au medium et par conséquent, on s'attend à ce que ces stations obtiennent le plus grand part de la capacité du canal.

Dans un réseau où beaucoup de stations luttent pour accéder au medium, il prendra pour une station plusieurs sessions de backoff avant qu'elle puisse transmettre un paquet. En effet, si une station avec une grande valeur d'AIFS doit faire face à un grand nombre de stations avec des petites valeurs d'AIFS, il est possible que cette station pourra à peine décrémenter son compte de backoff : à l'expiration de son AIFS, un des autres stations a déjà pu transmettre. Par conséquent la différenciation par AIFS est prévu pour avoir un plus grand impact dans un réseau plus dense et plus congestionné, pour résoudre le conflit entre les différentes stations.

2.5   Conclusion

Dans ce chapitre, nous avons détaillé les solutions existantes dans la littérature pour fournir la qualité de service aux applications multimédia dans un réseau ad hoc. Ces applications vont du simple transfert de données à la téléphonie, la vidéo à la demande ou la conférence multimédia. Nous avons fini par expliquer le principe de la norme 802.11e et par discuter ces paramètres et dégager quelques limites. Dans la partie suivante nous nous focalisons sur la différenciation de service au niveau de la couche MAC et nous proposons une solution pour le contrôle et l'ajustement de la fenêtre de contention suite à des bonnes transmissions.

Chapitre 3

Ajustement de la taille de la fenêtre de contention

Contenu :

3.1 Introduction

Malgré les améliorations obtenues avec la nouvelle fonction EDCF, comparée à la fonction DCF classique, il s'avère, qu'elle ne garantie pas un délai limité et une utilisation optimale du médium. De plus, L'EDCF assure une qualité de service meilleure pour les classes de trafic de priorité élevée, en négligeant les faibles priorités. En effet, les faibles priorités souffrent de cette forte différenciation apportée par les paramètres de la fonction EDCF, qui ne leur laisse que peu de chance pour pouvoir accéder au médium. Le problème principal réside alors dans le fait qu'il n'y a pas de paramètre optimal pour la couche MAC, qui donne les meilleures performances et qui permet de partager le médium efficacement entre les différentes classes de trafic.

Dans ce chapitre nous commençons par l'analyse du problème, et nous proposons par la suite une solution efficace de décrémentation des *CW*s, appelée Conditioned Enhanced Distributed Coordination Function (CEDCF), qui ajuste leurs tailles convenablement pour réduire le surcoût dû au délai ajouté par les tailles importantes des fenêtres de contention.

3.2   L'EDCF Adaptative (AEDCF)

Cette approche a été étudiée dans [24], s'inspirant du mécanisme EDCF (Enhanced Distributed Coordination Function) récemment proposé dans le standard IEEE 802.11e, afin d'introduire de la qualité de service dans les réseaux locaux sans fil. En effet, un des principaux inconvénients de EDCF est l'algorithme utilisé pour ajuster la fenêtre de contention qui est peu efficace lorsque le réseau est chargé. Après chaque bonne transmission, le mécanisme d'EDCF remet immédiatement la taille de la fenêtre de contention de la classe i à sa valeur minimale correspondante $CW_{min}[i]$, sans tenir compte des conditions du réseau. Motivé par le fait que lorsqu'une collision se produise, une autre est susceptible de se produire dans les instants qui suivent, L'AEDCF propose de mettre à jour plus lentement la valeur de la fenêtre de contention (au lieu de la remettre à $CW_{min}[i]$), pour éviter des nouvelles collisions. Ainsi, ce nouveau mécanisme prend en compte à la fois les besoins de l'application et la charge du réseau pour ajuster la fenêtre de contention.

✓**Principe de la décrémentation adaptative**

Soit n le nombre de stations actives, et i le niveau de priorité de la classe de trafic. Les flux envoyés par chaque station peuvent appartenir à des classes de trafic différentes, avec des priorités différentes. Dans chacune des stations et pour chaque classe i, on définit les paramètres suivants :

– $CW_{new}[i]$: la nouvelle taille de la fenêtre de contention.
– $CW_{old}[i]$: la taille de CW juste après une bonne transmission.
– $CW_{min}[i]$: la taille minimale de la fenêtre de contention.
– $CW_{max}[i]$: la taille maximale de la fenêtre de contention.

Notons que i peut varier de 0 (la classe de plus grande priorité) à 7 (la classe de plus petite priorité).

L'idée la plus simple pour mettre à jour $CW[i]$ est de la diminuer par un facteur multiplicatif α tel que montré dans l'équation (3.1).

$$CW_{new}[i] = \alpha \times CW_{old}[i] \qquad (3.1)$$

Cette idée, appelée le Slow Decrease (SD), a été développée dans [27]. Les auteurs ont proposé différentes valeurs de α, tel que 0.5 et 0.8. Les résultats obtenus à travers les simulations ont permis aux auteurs de conclure sur l'efficacité de l'approche par rapport à la décrémentation brusque de l'EDCF, surtout pour des environnements congestionnés. Cependant, un facteur statique ne peut pas être optimal pour tous les états du réseau. Dans l'approche adaptative, les auteurs proposent que chaque classe mette à jour sa fenêtre de contention de façon à tenir compte du taux de collision estimé par chaque station. En effet, le taux de collision peut donner une indication sur le niveau de contention dans le canal. Ce taux de collision n'est en fait que le nombre de collisions survenant pendant une certaine période du temps (c-à-d un nombre fixe de time slots), divisé par le nombre de paquets envoyés pendant cette même période de temps. Dans [24], les auteurs proposent de calculer ce taux de collisions, noté "F_{curr}^{j}" [1], pour une période "j" suivant la formule donnée par l'équation (3.2).

$$F_{curr}^{j} = \frac{\text{Nombre des collisions pendant } j}{\text{Nombre total des paquets envoyés pendant j}} \qquad (3.2)$$

Notons que la valeur du taux de collision est toujours comprise entre 0 et 1. Pour ne pas tomber dans le 'piège´ des collisions passagères, il vaut mieux utiliser le taux de collisions moyen, qui est donnée selon [24] par l'équation (3.3).

$$F_{avg}^{j} = (1 - \mu) \times F_{curr}^{j} + \mu \times F_{avg}^{j-1} \qquad (3.3)$$

Le facteur μ est appelé le poids ou le 'smoothing factor'.

Pour s'assurer que les niveaux de priorité des différentes classes sont toujours respectés lors des mises à jour des tailles des CWs, les facteurs multiplicatifs employés pour décroître les fenêtres de contention doivent dépendre de la priorité de chaque classe. Ce facteur multiplicatif, noté 'MF', doit être choisi dans l'intervalle [0,1] puisque la nouvelle valeur de CW ne doit pas dépasser l'ancienne. Dans [24], la valeur maximale de MF est limitée à 0.8, en se basant uniquement sur un ensemble de simulations. Dans AEDCF, le MF se calcule suivant l'équation (3.4).

$$MF[i] = \min[((1 + (i \times 2)) \times F_{avg}^{j}, 0.8] \qquad (3.4)$$

La mise à jour de la taille de CW d'une classe i se fait comme suit :

$$CW_{new}[i] = \max[CW_{min}[i], (CW_{old}[i] \times MF[i])] \qquad (3.5)$$

Cette formule permet à la classe de plus grande priorité (i.e, TC7, priorité 0), de diminuer son CW avec le plus petit facteur multiplicatif MF, et par la suite d'avoir la plus petite valeur de CW. Cela lui permettra de gagner la contention pour la prochaine transmission. Les résultats des simulations dans [24] ont montré que AEDCF permet d'accroître le taux d'utilisation du médium et de réduire le taux de collision de plus de 50%. Le débit total obtenu est 25% plus élevé que celui obtenu avec EDCF tout en garantissant une différenciation de service entre les différentes classes. De plus, la complexité de AEDCF demeure semblable à celle de EDCF.

---

[1]Nous avons respecté les mêmes notations que celles utilisés dans [24]

3.3   Problématique : limites de l'approche adaptative

Dans IEEE 802.11, quand un paquet entre en collision avec un autre, les deux paquets sont retransmis dans des temps aléatoires dans le futur, choisis dans des fenêtres de contention (CWs) plus grandes. Dans le cas où la source reçoit un acquittement de bonne réception, la taille de la fenêtre de contention est remise directement à sa valeur initiale (CW_{min}). Le but de l'approche adaptative est de faire face à cette décrémentation brusque qui n'est pas très intéressante pour les environnements congestionnés car elle oblige les stations à recommencer l'algorithme de backoff tant qu'il y a des nouvelles transmissions, jusqu'à rattraper de nouveau la bonne taille des CWs. Cependant, le plus grand surcoût de la décrémentation lente se manifeste quand la fenêtre de contention garde une taille relativement importante, alors que le niveau de contention s'affaiblit, c'est-à-dire lorsque le réseau n'est plus congestionné. Dans ce cas, il n'est plus utile qu'une classe de trafic garde une grande taille de sa fenêtre de contention alors qu'il n y a pas de classes concurrentes qui veulent gagner l'accès au medium, puisque cela va retarder la transmission de ses paquets de données. En effet, si la valeur de CW d'une classe de trafic est importante, la valeur de backoff choisie aléatoirement dans l'intervalle [0, CW] sera aussi élevée, ce qui signifie que les paquets de données doivent attendre une longue durée avant d'être transmis, alors que le canal est libre durant cette période de temps. Ainsi, nous pouvons constater une inefficacité de l'utilisation du canal pour l'approche AEDCF pendant les périodes non congestionnées, car malgré que la nouvelle taille est calculé en fonction du taux de collisions, elle reste toujours plus grande que la taille minimale (CW_{min}), même si ce taux de collision est assez faible. Dans ce même contexte, nous avons pensé à gagner ce compromis entre la décrémentation lente et la décrémentation rapide, pour pouvoir jouir des avantages des deux approches.

3.4   Approche proposée : Décrémentation conditionnée (CEDCF)

Notre idée dérive en fait de l'approche adaptative précédemment décrite et qui a été introduite par 'Lamia Romdhani' et les autres auteurs dans [24]. En effet, nous avons vu dans la section précédente de ce chapitre que la décrémentation adaptative, malgré les résultats intéressants qu'elle a montré, souffre comme même de quelques limites, qui concernent surtout un réseau dont la charge n'est pas stable et imprévisible. Un tel réseau peut se comparer à une autoroute composée d'un ensemble de véhicules dont le nombre peut augmenter comme il peut diminuer d'un instant à l'autre, sans aucune règle ou loi. Pour cela, le nombre de feux ou plutôt la fréquence de transition entre les feux augmente ou diminue selon que la route est très chargée (pendant les heures de pointes par exemple) ou bien déchargée, afin de minimiser le risque des accidents. D'ici vient l'idée de conditionner la décrémentation de la fenêtre de contention par l'état du réseau, pour pouvoir transiter entre une décrémentation lente et une décrémentation rapide de la fenêtre. Notre approche permettra donc à chaque station de bascu-ler, selon l'état du médium, entre l'utilisation de la fonction EDCF et la fonction AEDCF, lors de la décrémentation de sa fenêtre de contention suite à une bonne transmission. Cela pourrait être accompli en comparant le taux de collision, calculé périodiquement par chaque station, à un certain seuil qui doit être optimisé et qui sera considéré comme une barrière séparant l'état congestionnée de l'état normale du réseau. Le calcule du taux de collision s'inspire de l'approche adaptative : nous adoptons la même méthode que celle décrite dans la section précédente pour compter périodiquement le nombre de collisions, et c'est le taux de collision moyen qui sera comparé au seuil.

Ainsi, on peut prévoir déjà que l'un des apports de cette approche est la minimisation du délai de bout en bout, c'est-à-dire le temps nécessaire pour qu'un paquet de donnée arrive à sa destination, depuis sa transmission par la source. En effet, on peut constater pour l'approche adaptative que le fait de garder une taille importante de la fenêtre de contention entraîne des valeurs importantes des backoffs, et cela signifie bien sûr une augmentation du nombre de time slots qu'un paquet doit attendre avant d'être transmis sur le médium. Dans le cas où le milieu n'est pas très congestionné, et si les stations adoptent la décrémentation lente de l'AEDCF, la transmission des données enregistrent un retard qui se répète pour chaque nouveau flux. Cela se traduit en terme de qualité de service par un délai de bout en bout signifiant. La question qui se pose est donc :

Comment et quand peut-on éviter ce délai supplémentaire introduit par la décrémentation Adaptative ?

La solution est de chercher les moments de décharge du réseau, là où les collisions sont peu fréquentes, pour réutiliser le principe de la fonction DCF et remettre la fenêtre à sa taille minimale immédiatement, au lieu de la décrémenter progressivement. Ainsi, la prochaine trans-mission débute rapidement grâce à la valeur réduite du backoff choisie. Cependant, il faut bien s'assurer que le niveau de contention n'est pas très élevé sur le canal, car sinon, des collisions successives vont survenir et les time slots qu'on a gagné n'auront pas de grande importance devant le délai apporté par ces collisions. Dans des telles conditions, c'est la décrémentation adaptative qui doit être favorisée et adoptée. On comprend donc qu'il vaut mieux permuter entre les décrémentations lentes et les décrémentations brusques des CWs et cela relativement à l'état du réseau, s'il est congestionné ou non. Reste maintenant à savoir comment s'informer instantanément sur l'état du réseau pour choisir entre les deux types de décrémentations. Cela ne sera pas très compliqué pour l'avoir car c'est le taux de collision calculé périodiquement selon l'approche adaptative expliquée précédemment qui donnera les informations nécessaires sur l'état du canal.

3.4.1 Organigramme

Notre approche peut être résumée par l'organigramme de la figure 3.1, qui donnera les instructions à suivre pour chaque station désirant émettre un paquet de donnée. L'organigramme n'entre pas dans les détailles du mécanisme de backoff mais se limite à donner les principales étapes qui suivent la transmission d'un paquet de donnée d'une classe de trafic quelconque.

3.4.2 Modélisation algorithmique

Notons tout d'abord que le seuil qu'on va déterminer à partir d'un ensemble des simulations, ne sera pas le même pour toutes les classes de service : il dépendra de leurs niveaux de priorité. En effet, pour favoriser et enrichir la différenciation de service entre les différentes catégories de trafic, il faut servir les flux les plus prioritaires dès qu'on détecte un minimum de congestion dans le réseau. Cela veut dire que plus le niveau de priorité est élevé, plus la classe de trafic passera vite à l'approche adaptative. Ainsi, nous pouvons conclure que la classe la plus prioritaire lui correspondra la plus petite valeur du seuil, afin de lui assurer un accès rapide au médium par rapport aux autres classes.

Comme notre approche s'appuie sur l'approche adaptative, nous adoptons les mêmes notations que celle-ci :

- i : priorité d'une classe de trafic.
- F_{avg}^j : taux de collision moyen pour la période j.
- $CW_{new}[i]$: la nouvelle taille de la fenêtre de contention.
- $CW_{old}[i]$: la taille de CW juste après une bonne transmission.
- $CW_{min}[i]$: la taille minimale de la fenêtre de contention.
- $CW_{max}[i]$: la taille maximale de la fenêtre de contention.
- $MF[i]$: facteur multiplicative.
- $S_{opt}[i]$: seuil optimal correspondant à la classe i.

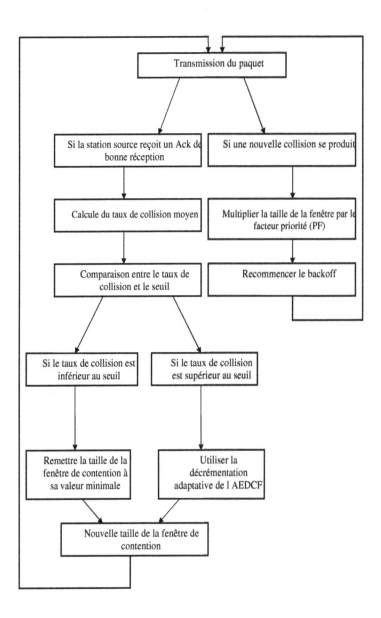

FIG. 3.1 – Organigramme expliquant l'approche conditionnée.

Algorithmiquement, les instructions ajoutées par notre approche peuvent être décrites comme suit :

Si $F_{avg}^j \geq S_{opt}[i]$

$$CW_{new}[i] = \max(CW_{min}[i], CW_{old}[i] \times MF[i])$$

Sinon

$$CW[i]_{new} = CW[i]_{min}$$

Nous cherchons donc une solution optimale de décrémentation des CWs : une solution qui ajuste leurs tailles convenablement pour réduire le surcoût dû aux collisions et le délai supplémentaire dû aux grandes tailles des CWs.

L'implémentation de cette approche dans le simulateur du réseau NS-2 [26] ne semble pas très compliquée, car elle dérive de l'AEDCF et utilise donc la majorité des modifications apportées par cette dernière au principe de base de la fonction DCF. Cependant, il n'est pas très évident de savoir où faut il s'introduire pour ajouter les modifications nécessaires. Cela sollicite d'une part une maîtrise du simulateur NS-2, d'autre part une grande connaissance la norme 802.11, la fonction EDCF, l'AEDCF et surtout son implémentation dans NS-2.

3.5   Conclusion

Dans ce chapitre, nous avons mis l'accent sur le problème d'ajustement de la taille de la fenêtre de contention dans le cas d'une bonne transmission. Après avoir détailler le principe de la décrémentation adaptative (AEDCF), nous avons proposé une nouvelle solution, que nous l'avons appelé : approche conditionnée, ou CEDCF, et qui ajoute des simples modifications au principe de l'AEDCF afin d'obtenir une meilleure qualité de service. Les résultats de l'implémentation de cette approche dans NS-2 seront montrés et analysés dans le chapitre suivant.

Chapitre 4

Simulations et Analyse des Résultats

Contenu :

4.1 Introduction

Ce dernier chapitre couvre l'étude des performances de notre approche à travers un ensemble de simulations effectuées après son implémentation. Nous avons mis en oeuvre notre mécanisme dans NS2 (voir annexe), le simulateur le plus utilisé dans la communauté de recherche en réseau. La complexité de notre approche demeure semblable à celle de l'AEDCF, autorisant ainsi des implémentations à faible coût (le code source de l'AEDCF est téléchargé de [27]). Des simulations avec différents scénarii ont été effectuées afin d'évaluer ses performances et d'optimiser la valeur de certains paramètres de configuration. Les résultats obtenus seront analysés et commentés tout au long de ce chapitre.

4.2 Méthodologie suivie

La méthodologie que nous avons adaptée s'articule autour de deux axes : la recherche des seuils optimaux et l'observation de l'effet de ces seuils sur les critères de la qualité de service cités ci après. Pour ce faire, nous devons tout d'abord fixer la topologie du réseau et les scénarii à simuler : les types de trafic, le nombre de nœuds, la mobilité...

Concernant les différents types de trafic, nous avons choisi de faire circuler trois catégories dans le réseau :

- Trafic audio

  Dans ce type de service, des paquets relativement petits sont envoyés à travers le réseau à un débit fixe. Les appels arrivent selon un processus de Poisson et leurs durées sont variables. Ce type de trafic est le plus prioritaire, et par conséquent il est plus sensible aux critères de qualité de service que les autres trafics, surtout la contrainte du délai.

- Trafic vidéo

  Le trafic de ce type d'utilisateurs est produit dans le sens descendant. Il contient des paquets UDP de taille fixe et avec un débit bien déterminé. La priorité de ce type de trafic sera intermédiaire, c à d inférieur à la priorité du trafic audio, mais plus important que celle du troisième type de trafic.

- Trafic background

  Ce trafic porte le niveau de priorité le plus bas. Il s'agit d'une application de transfert de fichier entre deux noeuds voisins. Cette catégorie de trafic est plus tolérante que les autres, surtout en terme de délai et de bande passante.

4.2.1 Topologie et modèle de trafic

Nous avons déjà mentionné que nous avons choisi de générer trois types différents de trafics pour évaluer la différenciation de service. Trois files d'attente sont alors employées dans chaque station. La file d'attente dont la priorité est la plus élevée produit des paquets de taille 160 octets et à des durées d'inter-paquet égales à 20 ms, qui correspond au trafic audio de 64 Kbit/s. La file d'attente de priorité moyenne (trafic vidéo) crée des paquets de taille égale à 1280 octets chaque 10 ms, ce qui correspond à un débit global de 1024 Kbit/s. La file d'attente de faible priorité génère des paquets de 200 octets avec un débit de 260 Kbit/s (trafic Background). La figure 4.1 montre une modélisation de la topologie simulée.

Dans les tableaux 4.1 et 4.2, nous avons résumé les paramètres nécessaires pour les simulations.

4.2.2 Les critères de qualité de service

A) Le débit utile

C'est le débit total en réception. Il correspond à une somme discrète des débits utiles mesurés successivement sur des intervalles de temps de même longueur : $\Delta t = 0.25s$. Ainsi, le débit utile calculé ici est une fonction discrète du temps. Mais vue que la période Δt est relativement petite, on peut l'assimiler à une fonction continue du temps.

Ainsi, on définit le débit utile (goodput ou throughput) à l'instant :$T_n = n \times \Delta t$, par les

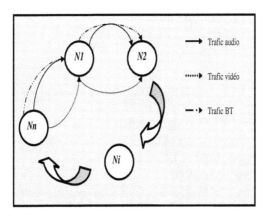

FIG. 4.1 – Topologie et modèle du trafic.

Paramètre	Audio	Vidéo	BT
CW_{min}	5	15	31
CW_{max}	200	500	1023
PF	2	4	5
Packet size (octet)	160	1280	200
Packet Interval (ms)	20	10	12.5
Sending Rate (Kbits/s)	64	1024	260

TAB. 4.1 – Paramètres MAC pour les différentes classes de trafic

Paramètre	Valeur
DIFS	34
SIFS	16
ACK size	14 bytes
Time Slot	9
MAC header	28 bytes
Modulation	16 QAM
Preambule length	20

TAB. 4.2 – Paramètre PHYS/MAC utilisés dans les simulations

équations (4.1) et (4.2).

$$goodput(T_n) = \frac{\text{Nombre des bits réçus entre } T_{n-1} \text{ et } T_n}{\Delta t}, \tag{4.1}$$

avec

$$n \in [1 \quad p], P = E\left[\frac{\text{Durée de simulation}}{\Delta t}\right] + 1. \tag{4.2}$$

Nous avons pu calculer le nombre de bit reçus en introduisant dans le script TCL un agent de type Loss Monitor attaché à la source. Cet agent est une sorte de puit intelligent capable de compter les données reçues, ainsi que les pertes.

B) Le délai de bout en bout

Le délai de bout en bout est le temps écoulé entre l'envoi d'un paquet par un émetteur et sa réception par le destinataire. Le délai tient compte du délai de propagation le long du chemin parcouru et du délai de transmission induit par la mise en file d'attente des paquets dans les systèmes intermédiaires.

Pour calculer ce délai, nous avons filtré le fichier trace par un script shell qui calcule la différence entre le temps de réception et le temps d'émission pour chaque paquet, soit :

$$\tau = t_r - t_e, \tag{4.3}$$

τ est le délai de bout en bout, t_r le temps de réception et t_e le temps d'émission.

C) La distribution du délai

La distribution du délai permet de tracer à la fin de chaque simulation, le pourcentage des paquets qui ont un délai de bout en bout inférieur à une certaine valeur, selon la sensibilité de la classe de trafic à la contrainte du délai.

D) La bande passante

Ce critère nous permet de s'informer sur l'utilisation du médium par les trois classes du trafic, en comparant entre la bande passante occupée instantanément par chaque classe, ainsi que la bande passante totale occupée pour différents scénarii et différentes topologies.

4.3   Analyse des résultats des simulations

4.3.1   Recherche des seuils optimaux

Cette phase se base sur une série de simulations successives. En effet, pour chercher les seuils optimaux qui permettront de distinguer l'état congestionné de l'état normal du réseau pour chaque classe de trafic, nous avons mené un ensemble de simulations, en commençant par le trafic de forte priorité, c'est-à-dire les flux audio de priorité P[i]=0. Pour chercher le seuil de collision correspondant à cette classe, nous avons débuté avec une valeur initiale égale à 0.1, ce qui signifie que la station doit basculer vers la décrémentation adaptative dès que le pourcentage de paquets en collision dépasse le 10% du nombre total des paquets émis. Nous avons répéter les simulations en faisant augmenter la valeur du seuil avec un pas de 0.05. Nous avons décidé de s'arrêter avec la valeur 0.5 car à partir de cette valeur, nous n'avons pas constaté une amélioration au niveau de l'un des critères de qualité de services fixés au dessus. Après des nombreuses simulations et après avoir effectuer des comparaisons entre les résultats obtenus, nous avons pu conclure que la bonne valeur du seuil, celle qui a donné les meilleurs résultats pour cette classe de trafic, est de 0.15. Pour ne pas se tarder trop par l'analyse des courbes et des simulations qu'on a fait dans cette phase préliminaire, nous avons pris à titre d'exemple, deux autres valeurs : 25% et 50% pour comparer la throughput avec celle de la valeur optimale choisie (15%). La figure 4.2 montre que les courbes de débit utile obtenu pour les autres valeurs sont, pour la plupart du temps de simulation, dominées par la courbe de la valeur 15%, ce qui prouve notre choix pour cette valeur comme seuil optimal pour la classe la plus prioritaire. De même, pour les autres critères tel que le délai et la bande passante, les résultats sont en faveur de cette valeur.

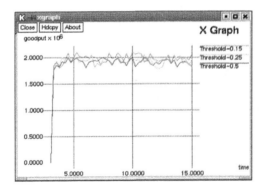

FIG. 4.2 – Comparaison entre le débit utile pour trois valeurs du seuil pour la classe la plus prioritaire.

A ce state, nous avons parvenu à fixer le premier seuil, $S_{opt}[0]$, correspondant aux flux audio de priorité 0, à 0.15. La même démarche a été suivie pour trouver le seuil correspondant à la deuxième classe de trafic et nous avons abouti à la valeur 0.25. Ainsi, nos simulations successives nous avons permis de distinguer la relation donnée par l'équation (4.4) entre la priorité de la classe de trafic et le seuil qui lui convient :

$$S_{opt}[i] = 0.15 + 0.1 \times P[i]. \tag{4.4}$$

Nous retrouvons par ce modèle les valeurs précédemment mentionnées, à savoir 0.15 pour la plus haute priorité ($P[i] = 0$) et 0.25 pour la classe de moyenne priorité ($P[i] = 1$). Il est alors clair que pour le troisième type de trafic utilisé dans nos simulations, la valeur du seuil est de 0.35. Ainsi, nous avons pu aboutir à un modèle qui permet à chaque classe de trafic de distinguer l'état congestionné de l'état normal du réseau, relativement à son niveau de priorité. Nous remarquons que ce modèle garantie un accès rapide au médium pour les flux prioritaire pendant les périodes congestionnées, et essaie de servir tous les types de trafic pendant le périodes normales.

4.3.2   Evaluation des performances de l'approche proposée

Après avoir fixer les seuils à leurs valeurs optimales, nous avons commencé par simuler la topologie de la figure 4.1, en respectant les différents paramètres des tableaux 4.1 et 4.2.

Afin de pouvoir évaluer les performances de notre approche et juger sa contribution par rapport aux autres, on doit penser à mettre le réseau sous différentes conditions (état de congestion, état normal). Pour cela, il est indispensable d'avoir, pendant les simulations, une charge de trafic qui varie aléatoirement au cours du temps. Pour modifier la charge du réseau, nous avons utilisé un certain nombre de stations, qui augmente graduellement au cours de la simulation (qui dure 100 secondes). Nous supposons que toutes les stations sont situées dans le même IBSS (Independent Basic Service Set), tel que chaque station peut détecter une transmission de n'importe quelle autre station, et nous supposons aussi que les stations ne se déplacent pas pendant les simulations, c'est-à-dire que nous allons ignorer l'effet de la mobilité.

A) Débit utile

Pour obtenir des bons résultats, il vaut mieux que les communications débutent au moins après trois secondes du début de la simulation. Ainsi à $t_0 = 3s$, une première communication audio s'établit entre le noeud 1 et 2 du réseau, suivie, après une millisecondes, de deux autres applications vidéo et background entre ces même noeuds et séparés entre eux aussi par une durée de 1 ms. Une seconde plus tard, les trois types de trafic se retrouvent encore entre le noeud 2 et le noeud 3 et le même principe se répète pour avoir enfin 15 noeuds en émission et en réception simultanément.

Le premier critère de qualité de service à prendre en compte est le débit utile ou la throughput. Elle est représentée par les courbes de la figure 4.3 pour les trois approches EDCF, AEDCF et CEDCF. Il est clair sur cette figure que l'EDCF est dominé par les deux autres approches, ce qui est bien logique d'ailleurs. On peut noter aussi que la courbe de débit utile pour l'ap-

	EDCF	AEDCF	CEDCF
Throughput totale (kbps)	1788.091	1912.765	1998.811
Throughput maximale (kbps)	1936.719	2088.125	2098.062

TAB. 4.3 – Comparaison entre le débit utile totale et maximale

proche conditionnée (CEDCF) reste pour la totalité du temps de simulation au dessus de celle de AEDCF (elles se confondent pour certains points), ce qui signifie que notre approche réalise une amélioration de la throughput : la quantité de donnée qui a pu joindre sa destination avec succès a augmenté grâce aux seuils introduits par la décrémentation conditionnée.

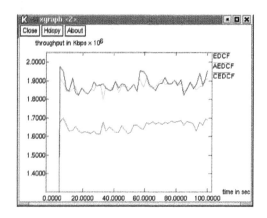

FIG. 4.3 – Comparaison entre le débit utile pour les trois approches

Le tableau 4.3 traduit ces résultats par des chiffres, en donnant la throughput totale et maximale pour chacune des approches. Nous pouvons constater que CEDCF réalise par rapport à l'adaptative une augmentation de 84.046 kbps de débit utile totale et de 9.937 kbps pour le débit maximal.

Cette comparaison a été répétée tout en variant le nombre de noeuds dans la topologie simulée entre 2 et 50 noeuds. Sur la figure 4.4, nous avons tracé le gain en débit utile, en fonction du nombre de noeuds, pour l'approche adaptative et conditionnée. Ce gain est calculé par rapport à l'EDCF, selon l'équation 4.5.

$$\text{gain on goodput} = \frac{\text{total goodput of CEDCF - total goodput of EDCF}}{\text{total goodput of EDCF}} \times 100 \qquad (4.5)$$

Les courbes montrent que notre approche réalise un gain dans le débit utile pour les topologies dont le nombre de noeuds dépasse le 10 noeuds. Le maximum de gain atteint pour le CEDCF est de 28%, alors qu'il est de 17% pour l'AEDCF. D'autre part, nous notons que pour les topologies constituées de plus que 20 noeuds, le CEDCF dépasse visiblement l'AEDCF, d'autant plus que l'écart entre les courbes peut atteindre un maximum de 13%. Ainsi, un premier point est marqué pour l'approche conditionnée par rapport à l'AEDCF.

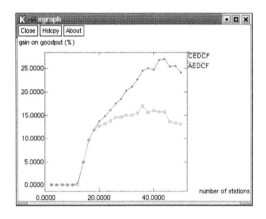

FIG. 4.4 – Comparaison entre le gain en débit utile

B) Délai de bout en bout

Après avoir vérifier que notre approche contribue à améliorer la throughput totale du système, nous allons dans ce qui suit l'évaluer de point de vue délai de bout en bout. Pour ce faire, nous avons calculé et enregistré instantanément le délai de bout en bout pour les trois approches, pour chaque classe de trafic à part.

Trafic audio

Les figures 4.5, 4.6 et 4.7 représentent respectivement le délai de bout en bout instantané pour le trafic de plus haute priorité, pour la décrémentation conditionnée, adaptative et pour l'EDCF. Nous pouvons noter d'après ces représentations que notre approche dépasse les deux autres types de décrémentation de point de vue délai maximal. En effet, il est de 38 ms pour le CEDCF, comparé à 55 ms pour AEDCF et 122 ms pour l'EDCF. Cependant, en ce qui concerne la gigue, nous remarquons une forte ressemblance entre l'approche adaptative et l'approche conditionnée, car nous avons enregistré presque les mêmes valeurs. Cela se justifie par le fait que dans notre approche et pour cette catégorie de trafic, le basculement vers la décrémentation adaptative se fait relativement tôt, puisqu'elle est adoptée dès que le taux de collision dépasse le

0.15. De ce fait, nous pouvons dire que le CEDCF a le même apport que celui de l'AEDCF, de point de vue gigue , pour le trafic audio.

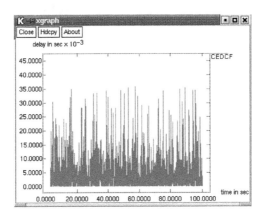

FIG. 4.5 – Délai de bout en bout pour CEDCF (trafic audio).

Trafic vidéo

Pour le trafic vidéo, les résultats obtenus sont un peu différents de ceux du trafic le plus prioritaire, puisque les figures 4.8 4.9 et 4.10, sur lesquelles sont tracées les courbes des trois approches, montrent que le délai maximal pour l'EDCF est 720 ms, pour l'AEDCF 200 ms, alors qu'il ne dépasse pas le 170 ms pour notre approche. Ici, nous pouvons sentir l'effet introduit par le seuil dans le calcul des tailles des CWs lui permettant de transiter de la décrémentation rapide à la décrémentation adaptative, étant donnée que la gigue et le délai moyen marquent une diminution importante (de l'ordre de 20 ms et 17.5 ms) pour notre approche par rapport aux autres.

Trafic background

La dernière classe de trafic est représentée par les figures 4.11, 4.12 et 4.13. Les mêmes constatations que celles pour la deuxièmes classe de trafic sont à dégager à partir de ces courbes : l'approche conditionnée dépasse de loin l'EDCF et même l'AEDCF, puisque à titre d'exemple, la différence entre le délai maximal atteint par les deux approches est presque égale à 900 ms. De même, la gigue et le délai moyen ont remarquablement diminué pour le CEDCF, comparé aux deux autres approches. Ce résultat n'est pas étonnant pour ce type de trafic, puisque le principe de notre approche se base sur la minimisation des valeurs des CWs surtout pendant les périodes non chargées, dans le but de donner une plus grande probabilité d'accès au canal sans fil et un meilleur délai de transmission.

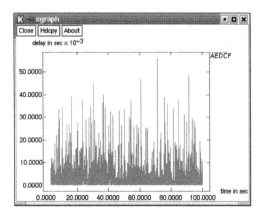

FIG. 4.6 – Délai de bout en bout pour AEDCF (trafic audio).

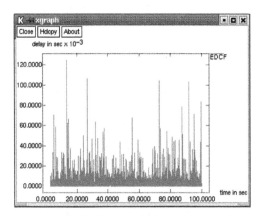

FIG. 4.7 – Délai de bout en bout pour EDCF (trafic audio).

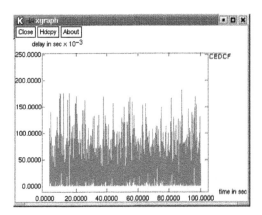

FIG. 4.8 – Délai de bout en bout pour le CEDCF (trafic vidéo).

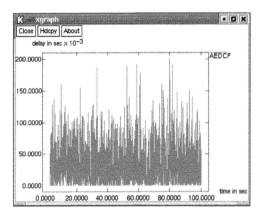

FIG. 4.9 – Délai de bout en bout pour le AEDCF (trafic vidéo).

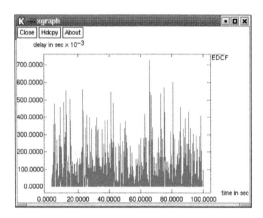

FIG. 4.10 – Délai de bout en bout pour le EDCF (trafic vidéo).

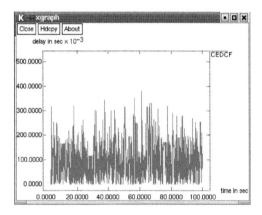

FIG. 4.11 – Délai de bout en bout pour CEDCF (trafic background).

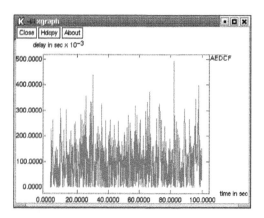

FIG. 4.12 – Délai de bout en bout pour AEDCF (trafic background).

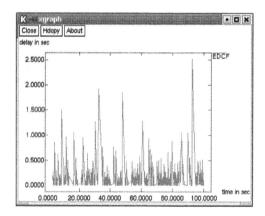

FIG. 4.13 – Délai de bout en bout pour EDCF (trafic background).

Une dernière remarque à tirer à partir des différentes courbes est que les valeurs les plus importantes du délai sont enregistrées presque aux mêmes instants pour les trois types de trafic. Cela est dû au fait que lorsque le réseau est fortement congestionné, tous les trafics sont affectés, et cela se traduit par une grande perte de paquets et des délais de bout en bout beaucoup plus élevés. Lorsque les paquets réussissent à arriver à destination, ils ont souvent été retardés dans les files d'attentes des noeuds, et ont subi plusieurs retransmissions au niveau de la couche MAC dues aux collisions.

L'ensemble de ces constatations concernant le délai de bout en bout confirme ce qu'on a développé dans l'étude théorique. En effet on a insisté dans le chapitre précédent sur le fait que la décrémentation conditionnée (CEDCF) contribue à réduire le retard de transmission causé par des tailles inadéquates de la fenêtre de contention, que ce soit pour l'AEDCF ou pour l'EDCF. Cela a été élucidé à travers diverses illustrations pour les trois classes de trafic. Cependant, l'étude de la latence ne peut pas être résumée uniquement par la comparaison instantanée du délai de bout en bout. Il est plus raisonnable et plus intéressant de faire une étude cumulative, qui peut indiquer pour une valeur quelconque du délai, le pourcentage des paquets qui ont un délai moyen inférieur à cette valeur. On parle ainsi de la distribution du délai, qui va être traitée dans le paragraphe qui suit.

C) La distribution du délai

Trafic audio

Pour l'analyse de la distribution du délai, nous avons commencé par l'étude du trafic le plus prioritaire, représenté sur la figure 4.14. L'axe des abscisses dénote les valeurs du délai moyen, alors que l'axe des ordonnées représente le pourcentage des paquets qui ont un délai moyen inférieur à une valeur quelconque de l'axe des abscisses. Pour cette représentation, un résultat idéal coïnciderait avec l'axe des ordonnées, représentant 100% de paquets avec une latence nulle. Bien que nous ne puissions pas raisonnablement nous attendre à une latence nulle, nous voudrions obtenir un résultat convainquant, correspondant à une ligne verticale. Pour le trafic audio nous pouvons constater que l'apport de notre approche est le même que celui de l'AEDCF par rapport à l'EDCF, puisque les courbes de l'approche conditionnée et de l'approche adaptive se trouvent totalement confondues, alors que celle de l'EDCF est située juste au dessous. On peut noter donc que notre approche minimise le délai moyen pour le trafic audio, par rapport à l'EDCF, car la différence entre les maximums de délai moyen atteints est presque 30 ms.

Trafic vidéo

La figure 4.15 montre que les résultats sont différents pour le trafic vidéo. En effet, la courbe de l'approche conditionnée s'élève remarquablement par rapport à celle de l'AEDCF, pour s'approcher plus de la ligne verticale. De ce fait, la valeur maximale du délai atteinte pour

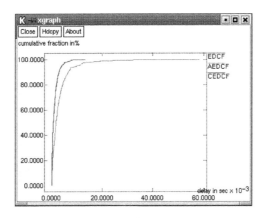

FIG. 4.14 – La distribution du délai pour le trafic audio.

le CEDCF ne dépasse pas le 200 ms, même pendant les instants les plus congestionnés, alors qu'elle touche facilement le 400 ms pour l'AEDCF, et le 900 ms pour l'EDCF. En d'autres termes, pour notre approche, la totalité des paquets (100%) ont un délai moyen inférieur à 200 ms, tandis que pour l'approche adaptative, il y a plus que 15% du nombre total de paquets qui souffrent d'un délai moyen compris entre 200 et 400 ms, et enfin pour l'EDCF, 30% des paquets ont un délai supérieur à 200 ms.

Trafic background

Passant maintenant à l'étude du trafic le moins prioritaire, dont la distribution du délai est montrée sur la figure 4.16. Cette fois ci, nous pouvons confirmer que l'approche conditionnée dépasse de loin les deux autres, particulièrement l'AEDCF. En effet, il n'est pas trop pénible de distinguer l'élévation de la courbe de CEDCF par rapport aux autres courbes. Par ailleurs, cette courbe est très proche de la ligne verticale, qui représente la solution idéale puisqu'elle indique une latence nulle. Le délai moyen maximum pour ce type de trafic est 0.45 s pour l'approche conditionnée, comparé à 1.6 et à 4.5 respectivement pour l'AEDCF et l'EDCF. Cela signifie qu'avec le CEDCF presque 100% des paquets sont reçus avec un délai de bout en bout qui ne dépasse pas le 0.45 s, alors que pour l'AEDCF par exemple, 13% des paquets sont reçus avec un délai compris entre 0.45 et 1.6 s.

Ces résultats permettent de confirmer les constatations précédentes sur le délai : l'approche conditionnée permet une diminution considérable du délai de bout en bout pour les trois classes de trafic et spécialement pour le trafic background.

D) La bande passante

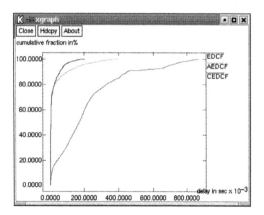

FIG. 4.15 – La distribution du délai pour le trafic vidéo.

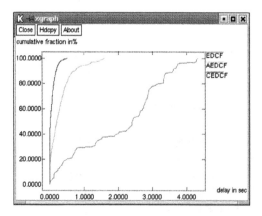

FIG. 4.16 – La distribution du délai pour le trafic background.

	EDCF	AEDCF	CEDCF
Trafic audio (kbit/s)	7.824	7.825	7.823
Trafic vidéo (kbit/s)	115.193	123.781	125.097
Trafic background (kbit/s)	3.856	13.673	15.018

TAB. 4.4 – Bande passante totale pour les trois approches

	EDCF	AEDCF	CEDCF
Trafic audio (kbit/s)	8.125	8.125	8.145
Trafic vidéo (kbit/s)	240.000	260.000	235.000
Trafic background (kbit/s)	15.310	33.594	33.603

TAB. 4.5 – Bande passante maximale pour les trois approches

Le deuxième critère de qualité de service comparé à travers ces simulations, est la bande passante occupée par les classes de trafic au cours de la simulation. En effet, pour étudier l'efficacité de notre approche de point de vue utilisation du medium, il est fondamental d'observer comment la bande passante est partagée entre les différentes classes de trafic. Nous avons débuté par une comparaison entre la bande passante totale et maximale pour les trois approches selon la catégorie de trafic, pour un réseau composé de 20 noeuds. Les résultats obtenus sont tracés sur les tableaux 4.4 et 4.5. Visiblement, l'augmentation dans la bande passante occupée concerne toutes les classes de trafic, mais elle est plus importante pour le trafic le moins prioritaire. Par ailleurs, nous avons enregistré instantanément la quantité de la bande passante occupée par cette catégorie de trafic, et nous l'avons tracée sur la figure 4.17. Cette figure confirme les observations précédentes, puisque la courbe de CEDCF est pour la totalité du temps de simulation, au dessus de deux autres. Pour généraliser ces constatations pour différentes topologies, nous avons calculé le gain en bande passante pour chaque classe de trafic, en faisant augmenter le nombre de noeuds jusqu'à un maximum de 50 noeuds. L'équation 4.6 donne la formule utilisée pour calculer ce gain pour le CEDCF, et elle s'applique aussi pour la fonction AEDCF.

$$\text{gain on bandwidth} = \frac{\text{total bandwidth of CEDCF - total bandwidth of EDCF}}{\text{total bandwidth of EDCF}} \times 100. \quad (4.6)$$

Les courbes obtenues sont tracées sur la figure 4.18, pour les trois catégories de trafic.

Pour le trafic vidéo, la courbe s'élève remarquablement pour atteindre un maximum de gain égal à 40%. Concernant le trafic background, le gain en bande passante est pour la plupart des topologies simulées, supérieur à 80%. Ces comparaisons sont toujours en faveur de l'approche

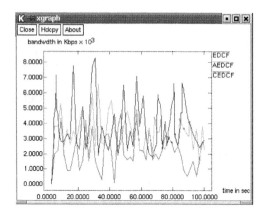

Fig. 4.17 – Bande passante pour le trafic background.

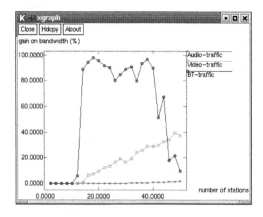

Fig. 4.18 – Comparaison entre le gain en bande passante.

	EDCF	AEDCF	CEDCF
Temps total de transmission (sec)	11.979	11.998	11.998
Temps total de collisions (sec)	1.555	0.456	0.443
Pourcentage (%)	12 .96	3.80	3.68

TAB. 4.6 – Temps de transmissions /collisions

	EDCF	AEDCF	CEDCF
Nombre total de transmission	63889	68427	68200
Nombre total de collisions	8326	3287	3214
Pourcentage (%)	13.03	4.80	4.71

TAB. 4.7 – Nombre de transmission / collisions

proposée confirmant le fait qu'elle améliore l'utilisation du médium et introduit une gestion efficace pour l'accès au canal.

E) Nombre et temps de collision

Pour terminer avec l'analyse des performances de l'approche conditionnée, nous avons fait des statistiques concernant les collisions qui sont passées au cours du temps de simulation. Les tableaux 4.6 et 4.7, donnent respectivement le temps et le nombre de collisions ainsi que le temps et le nombre de transmissions.

Comparés à l'EDCF, chacune de l'approche adaptative et conditionnée marque un grand écart dans le nombre total de collision, puisqu'il est deux fois moins important pour les deux dernières approches. Nous pouvons également signaler une légère diminution dans le taux de collision pour l'approche conditionnée par rapport à l'AEDCF. Sur la figure 4.19, nous avons représenté la variation du nombre de collisions moyen par seconde, en fonction du nombre de noeuds dans le réseau. Nous l'avons calculé pour chaque topologie selon l'équation 4.7.

$$\text{Collision number per second} = \frac{\text{total collision number}}{\text{total simulation time}}. \qquad (4.7)$$

Nous signalons tout d'abord que ce taux de collision augmente remarquablement avec le nombre de noeuds constituant le réseau, pour les trois approches. En effet, un nombre de noeuds important ne fait qu'amplifier les contentions sur le canal, ce qui augmente le risque de choisir la même valeur de backoff, qui mène généralement à des collisions successives. La deuxième remarque à dégager de cette figure est que pour le CEDCF, le nombre de collisions par seconde est moins important que celui de l'EDCF et de l'AEDCF, justifiant ainsi le fait que la résolution des contentions entre les stations est plus convainquant pour notre approche.

grâce au réarrangement dynamique des tailles des fenêtres de contention.

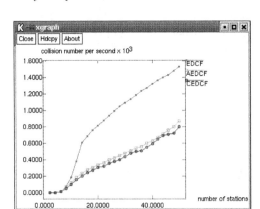

FIG. 4.19 – Nombre de collisions par seconde en fonction du nombre de noeuds.

4.4   Conclusion

Le but de ce chapitre était d'évaluer les performances de l'approche conditionnée que nous avons proposée dans le chapitre 3 comme solution au problème d'ajustement de la taille de la fenêtre de contention. L'intégration de cette approche dans l'environnement de simulation NS-2 n'était pas si délicate, d'autant plus qu'elle se base sur l'implémentation de la norme 802.11e, et ressemble, en une partie, à l'implémentation de l'AEDCF.

Après avoir effectuer les compilations nécessaires qui suivent l'implémentation de CEDCF, nous avons entamé une étape assez importante qui consiste à trouver les différents seuils correspondants aux classes de trafic des scénarii à simuler.

L'ensemble des simulations que nous avons menées et l'interprétation des différents résultats obtenus nous permettent de conclure que notre approche est capable d'améliorer les différents critères de qualité de service (throughut, délai, gigue, bande passante,..) pour tout type de trafic grâce au fait qu'elle impose aux stations de basculer entre la décrémentation lente et la décrémentation rapide de leurs fenêtres de contention selon l'état du canal.

Conclusion générale et perspectives

Nous avons tenté à travers ce travail d'apporter une nouvelle solution aux problèmes liés à la qualité de service dans les réseaux sans fil ad hoc, après avoir étudier et analyser les solutions existantes. Notre démarche a consisté à agir au niveau de la couche MAC qui influence le bon fonctionnement du réseau ad hoc.

Notre contribution principale est la conception d'une nouvelle approche qui vise à améliorer la qualité de service pour la norme IEEE 802,11e des réseaux ad-hoc sans fil. Cette approche, qui dérive de l'approche adaptative (AEDCF), se distingue de celle-ci par l'introduction d'un seuil optimisé, qui sert à distinguer entre l'état congestionné de l'état normal du réseau. Le taux de collision calculé périodiquement par chaque station sera comparé à ce seuil suite à des bonnes transmissions, pour décider enfin si la station doit décroître la taille de sa fenêtre de contention progressivement (semblablement à l'approche adaptative), ou bien rapidement (remise à CWmin) selon le principe classique de la fonction DCF.

Les résultats des simulations prouvent que notre solution différencie efficacement entre les services et donne des meilleures performances de point de vue bande passante, débit utile, délai et gigue pour les différentes catégories de trafic. Nous l'avons comparée parallèlement à l'EDCF et à l'AEDCF, et nous avons mis l'accent sur son apport surtout de point de vue débit utile et délai de bout en bout.

Toutefois, dans la continuité du travail présenté, nous pourrions approfondir notre étude afin d'améliorer les résultats obtenus. En particulier, pour l'approche conditionnée, les seuils optimaux que nous avons cherchés à l'aide des simulations, peuvent être retrouvés à partir d'un modèle mathématique bien étudié et qui se base sur la relation que nous avons établie entre la priorité de la classe de trafic et la valeur du seuil qui lui correspond. Il nous semble aussi intéressant de penser à une gestion multicouche de la qualité de service dans les réseaux ad hoc. En effet, alors qu'une architecture en couches est simple et constitue un bon candidat pour une conception de base, il y a toujours le besoin d'optimiser : plusieurs occasions d'optimisation se présentent par l'interaction accrue à travers les couches, spécialement le couplage entre Diffserv et les paramètres de différenciation de service de la norme 802.11e, c'est-à-dire la combinaison de deux approches de différenciation connues pour leur efficacité dans l'apport de la qualité de service dans les réseaux ad hoc. Par ailleurs, la différenciation au niveau de la couche IP implique la priorité de la file d'attente, et la différenciation au niveau de la couche MAC agit sur la priorité d'accès au canal. Ainsi, la combinaison de ces deux niveaux de différenciation permettra sans doute d'assurer aux trafics temps réel la priorité au traitement par rapport aux trafics moins prioritaires au niveau du même terminal, et la priorité à l'accès par rapport aux terminaux voisins partageant le canal sans fil.

Références

[1] I. Chlamtac, M. Conti, and J. Liu, "Mobile Ad Hoc Networking : Imperatives and Challenges," *Ad Hoc Network IEEE, INFOCOM*, 2003.

[2] M. Sidi-Mohammed Senouci, "Applications de Techniques d'Apprentissage dans les Réseaux Mobiles", *thèse de doctorat, Université de Pierre et Marie Curie*, octobre 2003.

[3] Z.Wang and J. Crowcroft, "Quality-of-Service Routing for Supporting Multimedia Applications," *IEEE Journal on Selected Areas in Communications*, vol. 14, no. 7, pp. 1228-1234, September 1999.

[4] Samir R. Das, Charles E. Perkins, and Elizabeth M. Royer, "Performance Comparison of two On-demand Routing Protocols for Ad Hoc Networks", *IEEE conference on Computer Communications (INFOCOM)*, Mars 2002.

[5] Alexander Zurkinden, "Performance Evaluation of AODV Routing Protocol : Real-Life Measurements", *LCA, EPFL*, June, 2003.

[6] Mounir Frikha, Fatma Ghandour, "Energy optimization in mobile ad hoc network", *WSEAS*, August 2005.

[7] IEEE 802.11 WG, ANSI/IEEE Std 802.11 :Wireless LAN Medium Access Control (MAC)and Physical Layer (PHY) Specifications : Medium Access Control (MAC) Enhancements for Quality of Service (QoS) IEEE 802.11/D2.0, IEEE, 2001.

[8] L. Sobrinho and A. Krishnakumar, "Quality-of-Service in Ad Hoc Carrier Sense Multiple Access Wireless Networks", *IEEE Journal on selected areas in communications*, August 2002.

[9] Y. Ge and J. Hou, "An Analytical Model for Service Differentiation in IEEE 802.11," *IEEE ICC '03*, vol. 2, May 2003, pp. 1157-62.

[10] Braden R., Zhang L., Berson S., Herzog S, Jamin S., "Resource ReSerVation Protocol (RSVP) - Version 1, Functional Specification", *RFC 2205*, Septembre 1997.

[11] I. Niang, B. Zouari, H. Afifi, O. Cherkaoui, N. Golmie, "Introduction of DiffServ QoS in 802.11 Standard", *Proceedings of The First Annual Mediterranean Ad Hoc Networking Workshop*, Med-hoc-Net, Septembre 2003.

[12] S. Blake, D. Black, M. Carlson, E. Davies, Z. Wang, W. Weiss, "An Architecture for Differentiated Services", *RFC 2475*, December 1998.

[13] H. Xiao, W.K.G. Seah, A. Lo, and K.C. Chua. "A flexible quality of service model for mobile ad hoc networks". *IEEE Vehicular Technology Conference*, p. 445-449, Tokyo, Japan, Mai 2000.

[14] R.L. Chunhung and L. Jain-Shing. "Qos routing in ad hoc wireless networks". *IEEE Journal on Selected Areas in Communications*, August 2002.

[15] C.E. Perkins and P. Bhagwat. "ighly dynamic destination-sequenced distance-vector routing (DSDV) for mobile computers". *SIGCOMM '94 - Conference on Communications, Architectures, Protocols, and Applications*, p. 234-244, London, UK, September 1994.

[16] M. Mirhakkak, N. Schult, and D. Thomson. "Dynamic quality-of-service for mobile ad hoc networks". *IEEE MobiHoc 2000, Boston, Massachusetts, USA*, August 2000.

[17] P. Sinha, R. Sivakumar, and V. Bharghavan. "CEDAR : a core extraction distributed ad hoc routing algorithm ". *IEEE Journal on Selected Areas in Communications, special issue on Wireless Ad Hoc Networks*, august 1999.

[18] Imad AAD, "Quality of service in wireless local area networks", *thèse de doctorat, soutenue à l'Université Joseph Fourier de Grenoble*, Octobre 2002.

[19] I. Aad and C. Castelluccia, "Differentiation mechanisms for IEEE 802.11", *IEEE Infocom 2001*, April 2001.

[20] IEEE 802.11 WG, IEEE Std 802.11e/D8.0, Draft Supplement to IEEE standard for Telecommunications and Information exchange between systems. Local and metropolitan area networks. Specific Requirements Part 11 : "Wireless LAN Medium Access Control (MAC) and Physical Layer (PHY) specifications", February 2004.

[21] S. Chen and K. Nahrstedt. "Distributed Quality-of-Service Routing in Ad-Hoc Networks". *IEEE Journal of Selected Areas in Communications*, August 1999.

[22] A. Nafaa, A. Ksentini, and A. Mehaoua "SCW : Sliding Contention Window For Efficient Service Differentiation in IEEE 802.11 Networks" *IEEE WCNC '05*, New Orleans, Mars 2005.

[23] G. Bianchi, "Performance Analysis of the IEEE 802.11 Distributed Coordination Function". *IEEE Journal on Selected Area in Communications* V18, N3, Mars 2000.

[24] L. Romdhani, Q. Ni and T. Turletti, "Adaptive EDCF : Enhanced Service Differentiation for IEEE 802.11 Wireless Ad Hoc Networks" *IEEE WCNC'03*, Mars 2003.

[25] Y. Kwon, Y. Fang and H. Latchman, "A Novel MAC Protocol with Fast Collision Resolution for Wireless LANs," *IEEE INFOCOM'03*, 2003.

[26] " The Network Simulator - NS (Version 2) " http ://www.isi.edu/nsnam/ns/.

[27] AEDCF, http : // www-sop. inria. fr/ planete/ qni/ Research. Html.

Annexe : Le simulateur des réseaux NS-2

1) Définition

NS-2 est un simulateur à événements discrets orienté objet. A partir d'une configuration (noeuds et liens), ns permet la réalisation des simulations de petite taille. Il contient les fonctionnalités nécessaires à l'étude des algorithmes de routage unipoint ou multipoint, des protocoles de transport, de session, de réservation, des services intégrés, des protocoles d'application comme HTTP. Parmi les composants les plus intéressants disponibles sur NS, on trouve : des générateurs de trafic (CBR, ...), des protocoles de transport TCP, UDP, RTP, des files d'attente diverses (RED, DropTail, Token bucket)...

2) Mobilité dans NS-2

La simulation de la mobilité dans NS-2 est devenue après l'intervention des chercheurs de l'université Cartegie Mellon de Pittsburg (CMU) qui voulait simuler des réseaux ad hoc. Cet apport se manifeste par l'ajout d'un nouveau type de nuds défini dans la classe 'MobileNode'. Les caractéristiques de la mobilité tels que le mouvement des nuds, les mises à jour de localisation ou les limites de la topologie sont implémentées en C++. Par contre, les composants réseaux comme le nud mobile lui-même (classificateur, couche liaison...) sont implémentés en OTcl.

3) Architecture et implémentation

NS-2 est développé en C++ et en OTcl. Il contient une hiérarchie de classes interprétées d'objets écrits en C++ et une hiérarchie de classes interprétées d'objets écrits en OTcl. Ces deux hiérarchies sont étroitement liées. En effet, lorsque l'utilisateur crée un nouvel objet par l'interpréteur OTcl, un objet correspondant, appelé objet reflet, est aussi crée dans la hiérarchie compilé. L'utilisation de NS-2 peut être :

- De base : on utilise le simulateur tel quel (code fourni par les développeurs).
- Intermédiaire : on ajoute des fonctionnalités sans modifier le cur du simulateur.
- Avancée : on développe son propre code (en C++) et on modifie le cur du simulateur.

La figure 4.4 suivante illustre un cycle de simulation typique avec NS-2.

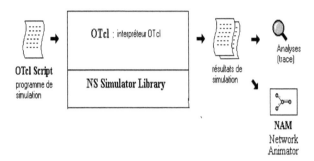

Le résultat de la simulation est un fichier texte contenant les événements constatés sur le réseau. Pour reformater les sorties brutes de ns, on peut construire des graphes grâce au logiciel Xgraph. Cependant, l'usage le plus intéressant est l'animation avec l'animateur réseau NAM (Network AniMator). Cet utilitaire graphique, sous une apparente simplicité, a des fonctionnalités inattendues assez puissantes permettant par exemple de fournir rapidement une représentation plane d'un graphe complexe, de suivre les pertes de paquets et d'observer le débit des liens, sans se plonger dans la liste des événements.

4) Fichier trace

Le fichier trace est un fichier texte structuré en lignes. Ce fichier comportera tous les événements survenus lors de la simulation : l'arrivée d'un paquet à un noeud, départ d'un paquet d'un noeud, perte d'un paquet ou encore réception d'un paquet par un agent. Ce fichier est de très grande taille, on pourra en extraire l'information souhaitée : calcul du débit, évaluation des pertes, l'énergie résiduelle des nuds,...

5) l'animateur de réseau NAM

NAM est un outil de visualisation qui permet de suivre visuellement les modèles de communications, les interactions et les causalités. Cet outil est basé sur Tcl/TK qui interprète les fichiers traces générés par le simulateur NS et les traduit sous forme de séquences animées.

La figure suivante illustre un exemple de visualisation dans NAM.

6) Xgraph

Xgraph est un programme de traçage des courbes qui peut être utilisé pour créer les représentations graphiques des résultats de simulation. Les options de xgraph sont variées permettant ainsi de tracer des courbes, des diagrammes, ...

```
f -t 33.195597851 -Hs 8 -Hd 9 -Ni 8 -Nx 750.00 -Ny 500.00 -Nz 0.00 -Ne
-1.000000 -Nl RTR -Nw --- -Ma 13a -Md 8 -Ms 7 -Mt 800 -Is 5.0 -Id 9.0 -It cbr
-Il 552 -If 1 -Ii 27 -Iv 29 -Pn cbr -Pi 6 -Pf 3 -Po 4
```

f	Forward	-Is -Id	IP Source/Destination
-t	Time	-It	Packet Type
-Hs -Hd	Hop Source/Destination	-Il	Packet Length
-Ni	Node ID	-If	Flow ID
-Nx -Ny -Nz	Node X/Y/Z	-Ii	Packet ID
-Ne	Node Energy	-Iv	Time-to-Live
-Nl	Network Level	-Pn	Packet Specific Trace Start
-Nw	Drop Reason	-Pi	Sequence Number
-Ma	Duration	-Pf	Forward Count
-Ms -Md	MAC Source/Destination	-Po	Optimal Number of Forwards
-Mt	MAC Type		

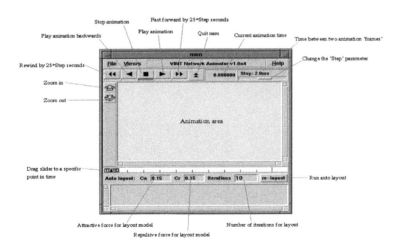

69

ÉDITIONS
UNIVERSITAIRES
EUROPÉENNES

Une maison d'édition scientifique
vous propose

la publication gratuite

de vos articles, de vos travaux de fin d'études, de vos mémoires de master, de vos thèses ainsi que de vos monographies scientifiques.

Vous êtes l'auteur d'une thèse exigeante sur le plan du contenu comme de la forme et vous êtes intéressé par l'édition rémunérée de vos travaux? Alors envoyez-nous un email avec quelques informations sur vous et vos recherches à: info@editions-ue.com.

Notre service d'édition vous contactera dans les plus brefs délais.

Éditions universitaires européennes
est une marque déposée de
Südwestdeutscher Verlag für
Hochschulschriften GmbH & Co. KG
Dudweiler Landstraße 99
66123 Sarrebruck
Allemagne

Téléphone : +49 (0) 681 37 20 271-1
Fax : +49 (0) 681 37 20 271-0
Email : info[at]editions-ue.com
www.editions-ue.com